AF415703

Le caractère sacré et divin

de la

Royauté en France

André Lesage
Marquis de La Franquerie
Combattant de la Foi catholique
(1901-1992†)

24 août 1939, au cours d'une Extase de Marie-Julie Jahenny – Notre Seigneur et la très Sainte Vierge nous annoncèrent que la deuxième conflagration allait éclater et notre Seigneur parlant de moi, Marquis de La Franquerie ajouta :

« Il faut que mon petit serviteur emporte chez lui tous les documents concernant Marie-Julie, afin que les Allemands ne puissent pas s'en saisir. »

Monsieur de La Franquerie a toujours conservé soigneusement ces documents que le Ciel, lui avait confié. Et c'est en 1958 qu'il a créé une association, qu'il a présidé jusqu'à sa mort en 1992.

En 1939 Monsieur de La Franquerie devint Camérier secret et ami de sa Sainteté le Pape Pie XII, qui était venu rendre visite à Marie-Julie à l'occasion d'un passage en France, et alors qu'il était encore le Cardinal Pacelli, mais également du Bienheureux Pape Jean XXIII et du Pape Paul VI.

Monsieur le Marquis avait rencontré Marie-Julie sur les conseils de Mgr Jouin.

La petite fille du Marquis de La Franquerie, accueille les pèlerins à La Fraudais.

Marquis de la Franquerie

Le caractère sacré et divin de la Royauté en France

AUGMENTÉ D'UN PORTRAIT DE L'AUTEUR ET DE 29 ILLUSTRATIONS

2020

OUVRAGES

DU

MARQUIS DE LA FRANQUERIE

- *La VIERGE MARIE dans l'histoire de France* avec préface du Cardinal Baudrillart. Ouvrage couronné par l'Académie Française – 3ᵉ édition – illustrée.
- *La mission divine de la France* – 5ᵉ édition.
- *Mémoire pour la consécration de la France à saint Michel* préfacé de S. Exc. Mgr de la Villerabel, archevêque d'Aix – 3ᵉ édition.
- *L'infaillibilité pontificale, le syllabus, la condamnation du modernisme & du sillon, la crise actuelle de l'église* – 2ᵉ édition.
- *Le caractère sacré & divin de la royauté en France.*
- *Le sacré-cœur & la France.*
- *Saint JOSEPH* – illustré.
- *Saint RÉMI, thaumaturge & apôtre des francs.*
- *Jeanne d'ARC la pucelle, sa mission royale, spirituelle & temporelle.*
- *Louis XVI, roi & martyr* – 5ᵉ édition.
- *Madame ELISABETH DE FRANCE* – 3ᵉ édition.
- *Saint PIE X, sauveur de l'église & de la France* – 2ᵉ édition.
- *Charles MAURRAS, défenseur des vérités éternelles.*

- *La consécration du genre humain par PIE XII et celle de la France par le Maréchal PÉTAIN au cœur immaculé de MARIE.* Documents et Souvenirs.

- *Marie-Julie Jahenny : Sa vie – Ses révélations* (illustré.)

———

1ᵉʳ édition

Diffusion de la Pensée Française 1978

2ᵉ édition

2020

Tous droits de reproduction réservés

INTRODUCTION

Ce sujet est sans aucun doute l'un de ceux qui tiennent le plus au cœur de l'auteur. Depuis cinquante ans il n'a cessé de l'approfondir et plus il l'étudiait plus il était convaincu que, pour un Français, l'amour de Dieu, de la France et du Roi doit être un seul et même amour indissociable, une trilogie une, trinité une, certes d'un rang inférieur à la Trinité Divine, mais qui La rejoint en Dieu et en découle. Puisse le lecteur considérer cette étude comme le testament de quelqu'un qui a toujours tout sacrifié à cette trilogie sacrée à ses yeux.

Pour avoir une notion exacte du caractère sacré et divin de la Royauté en France, c'est à saint Rémi et à Clovis qu'il faut tout d'abord remonter, au Baptême et au Sacre du premier de nos Rois au Jour de Noël 496 à Reims, et de là, plus haut encore, jusqu'au Roi David lui-même, l'ancêtre du Christ, Fils de Dieu et Dieu Lui-même.

Chapitre Premier

Malgré la conversion de Constantin, l'empire romain demeurait foncièrement païen dans son principe, Dieu suscita alors les rois de France pour assurer son règne et dans ce but les combla de ses grâces et de ses privilèges

« … L'Empire (romain) ne sut pas se débarrasser des œuvres de mort qui le minaient. Malgré tous ces actes qui témoignaient de sa bonne volonté, au fond, il resta païen avec des empereurs chrétiens, des populations chrétiennes et malgré une législation qui se christianisait de jour en jour.

« Il est de la plus haute importance de bien se rendre compte de la nature du vice qui anéantit toutes les espérances que les règnes de Constantin le Grand et de Théodose le Grand avaient fait concevoir et qui obligea la divine Providence à se servir des Barbares pour anéantir l'Empire inamendable et à susciter Clovis pour fonder sur ces ruines l'Empire des Francs, et c'est le même vice qui, à partir du XIVe siècle, époque de Jeanne d'Arc, a fait rétrograder le règne de Dieu sur la société, c'est encore le même vice qui est l'âme de la Révolution.

« L'Empire Romain après la conversion de Constantin prit les dehors du christianisme, il ne laissa pas pénétrer jusqu'à son cœur ce qui en est l'esprit : la souveraineté de Notre Seigneur Jésus-Christ, Roi des rois.

« Le vieux principe païen était la divinité de l'État et comme corollaire l'omnipotence illimitée du souverain. L'État était dieu, et dieu était le prince à qui l'État avait délégué sa puissance ... L'Église pour eux faisait partie de l'État et par conséquent était sous leurs ordres : ils s'indignaient qu'elle ne voulût pas le reconnaître ... L'Église ne pouvait accepter une telle servitude et Dieu ne le voulut pas. La Providence, pour ne point laisser se consolider et se perpétuer une telle déviation, un tel travestissement de l'œuvre du Christ, appela les Barbares pour fonder avec eux une société nouvelle. Elle leur ordonne de détruire et leur donna de construire [1]. »

Le savant Cardinal Baronius écrit, dans ses « *Annales Ecclésiastiques* » :

« À la chute de l'Empire d'Occident, trois races de barbares occupaient les Gaules : les Goths, les Burgondes et les Francs.

« Tout marchant à la dérive, la Divine Providence destina à survivre et à s'épanouir dans les âges futurs le seul de ces peuples où devait s'épanouir aussi, au plus haut degré, le culte de la piété, de cette piété dont Childéric fut la fleur et Clovis le fruit.

« Pour protéger son Église naissante contre les flots envahissants de l'hérésie (l'arianisme) et de la barbarie qui régnaient sur tous les trônes d'Orient et d'Occident ... Dieu parait avoir institué les Rois de France et les a fait s'élever sur les ruines des peuples non catholiques disparus.

« C'est pour cela que tous les peuples entachés d'hérésie ... furent expulsés ou absorbés par les Francs, suivant la parole de Notre-Seigneur :

« *Tout arbre que n'a point planté mon Père sera arraché.* »

« C'est pour cela que le Royaume des Francs s'est épanoui dans une riche et luxuriante végétation arrosée par sa piété ...

« Tout cela est d'une évidence qui se touche du doigt.

« Il ne fallait rien moins qu'un tel Saint (Rémi), d'une telle vertu, d'une telle inspiration divine pour amener des ténèbres de la gentilité à la lumière de l'Évangile, la noble Nation des Francs et son très illustre Roi.

---

1. — Monseigneur Delassus : *La Mission posthume de la Bienheureuse Jeanne d'Arc et la Royauté Sociale de N.S. Jésus-Christ*, pp. 94 à 97.

« Comme il ne fallait rien moins qu'un tel Roi (Clovis), pour illustrer le premier de tous et à jamais son royaume de l'impérissable éclat de la religion du Christ, pour entourer d'un amour sans défaillance, d'une protection perpétuelle, cette même religion du Christ [2]. »

LA NAISSANCE DU PEUPLE DE DIEU DU NOUVEAU TESTAMENT : LE MIRACLE DE TOLBIAC ENTRAÎNE LA CONVERSION DE CLOVIS ET DES FRANCS.
LA LOI SALIQUE PROCLAME LA ROYAUTÉ DU CHRIST SUR LA FRANCE.

Saint Rémi et la Reine Clotilde travaillaient à la conversion de Clovis. Le Roi, sur le point de succomber sous les forces ennemies à Tolbiac, invoque le Dieu de Clotilde, le Christ, et promet, s'il est vainqueur, de se convertir au Catholicisme : il obtient une victoire éclatante contre les Alamans.

« La journée du Pont Milvius avait clos les annales du monde antique, celle-ci (Tolbiac) ouvre les annales du monde moderne [3]. »

Alors, « C'est dans toute l'exaltation de sa victoire surnaturelle qu'il (Clovis) dicta, dans un magnifique élan de foi et de reconnaissance, le superbe décret, vibrant d'enthousiasme et d'amour, qui voue la France à jamais, aussi longtemps qu'elle existera, au Règne de Jésus-Christ, exigeant qu'il fût placé comme Loi constitutionnelle du Royaume des Francs [4] », en tête de la Loi Salique [5]. Ce prologue proclame :

« La Nation des Francs, illustre, ayant Dieu pour Fondateur … Et ainsi fut dressé ce décret :

---

2. — Cæsar Baronius : « *Annale Ecelesiastici* », tome VI, p. 420.
3. — Mgr Delassus : *op. cit.,* p. 10.
4. — De Maricourt et de La Morlière : « *La vraie histoire de France* ».
5. — Traduction de l'Abbé Lemann, d'après « *Legea Salicae Illustratae* ».

« Vive le Christ qui aime les Francs !

« Qu'il garde leur royaume et remplisse leurs chefs des lumières de sa grâce !

« Qu'Il protège l'Armée !

« Qu'Il leur accorde des signes qui attestent leur foi, leur joie, la paix, la félicité !

« Que le Seigneur Jésus-Christ dirige dans le chemin de piété ceux qui gouvernent !

Telle est notre première Constitution, la seule vraie Elle repose sur l'Évangile ! Deux phrases la résument :

« Vive le Christ qui est Roi de France !

« Vive le Roi de France, qui est Lieutenant du Christ !

Ainsi, « la France a eu ce bonheur inespéré, unique au monde, d'avoir la première bâti sa civilisation ... sur la vérité totale, intégrale, universelle, sur le Catholicisme [6] ... »

« Qu'en est-il résulté ? C'est que la France a fondé une civilisation merveilleuse comme le monde n'en a jamais vu, qu'elle est devenue cet astre lumineux qui a couvert le monde de sa lumière, de sa chaleur et de ses bienfaits.

---

6.   — Dans le *Motu Proprio* du 2 mars 1922, Pie XI déclarait :

« Les Pontifes Romains, Nos Prédécesseurs, ont toujours, au cours des siècles, comblé des marques particulières de leur paternelle affection la France, justement appelée la Fille Aînée de l'Église ... *Galliam Ecclesiae filiam primogenitam* ...

« Dans la plénitude de Notre pouvoir apostolique, par la force des présentes et à perpétuité. Nous déclarons et confirmons que la Vierge, Mère de Dieu, sous le titre de Son Assomption dans le ciel, a été régulièrement choisie comme principale Patronne de toute la France auprès de Dieu, avec tous les privilèges et honneurs que comportent ce noble titre et cette dignité. » (Voir l'APPENDICE VII, page 179).

Très justement, Michel Servant écrit :

« La décision de Pie XI eut un acte de confirmation solennelle, de droit pontifical, de la déclaration de Louis XIII du 10 février 1638 » (dite « Vœu de Louis XIII »), et, non moins justement il en tire la conséquence nécessaire : « La fille aînée ou plus précisément première née, ce qui implique le « *primogenita* », le droit d'aînesse. » (« *Veillez et priez, car l'heure est proche – Il est midi moins cinq* », Tome II, pages 815, note 3, et p. 816, note 2.)

> « On dit « la Civilisation Française » et on a raison ; mais cette
> civilisation n'est pas autre chose que la civilisation catholique,
> apostolique et romaine et elle n'est dite française que parce que
> la France en a tenu le flambeau !
>
> « La France avait pris pour base la pierre angulaire même de
> l'Église : le Christ ; quoi d'étonnant qu'elle ait bénéficié de
> l'universalité du Christ et de l'Église [7] ? »

LE BAPTISTÈRE DE REIMS ET LE SACRE DE CLOVIS.

Le Cardinal Baronius écrit encore, à propos du Baptistère de
Reims et du Sacre de Clovis :

> « Par ces éclatants prodiges, Dieu voulut manifester clairement de
> quel poids était la conversion du Roi des Francs et de son peuple.
>
> « Instruit de la voie de Dieu, le Roi entra avec la courageuse nation
> des Francs par la porte de la lumière éternelle. Elle crut au Christ
> et devint une nation sainte, un peuple d'acquisition afin qu'en
> elle fût annoncée la puissance de Celui qui les appela des ténèbres
> à son admirable lumière [8]. »

Saint Rémi et le Baptistère de Reims sont pour la France ce que
Moïse et le Sinaï furent pour le premier Peuple de Dieu, le Peuple Juif.

Le 19 décembre 1907, Saint Pie X déclarait au Cardinal Luçon,
Archevêque de Reims :

> « Reims conserve la source baptismale d'où est sortie toute
> la France Chrétienne, et elle est justement appelée pour cela
> le Diadème du Royaume. C'était une heure ténébreuse pour
> l'Église de Jésus-Christ. Elle était d'un côté combattue par les
> Ariens, de l'autre assaillie par les Barbares ; elle n'avait plus
> d'autre refuge que la prière pour invoquer l'heure de Dieu.
> Et l'heure de Dieu sonna à Reims, en la fête de Noël 496. Le
> Baptême de Clovis marqua la naissance d'une grande nation :

---

7. — Abbé Vial : « *Jeanne d'Arc et la Monarchie* », pp. 26 et 27.

8. — Baronius : *op. cit.*, tome VI, p. 464.

la Tribu de Juda de l'ère nouvelle, qui prospéra toujours tant qu'elle fut fidèle à l'orthodoxie, tant qu'elle maintint l'alliance du Sacerdoce et du Pouvoir public, tant qu'elle se montra, non en paroles mais en actes, la Fille Aînée de l'Église [9]. »

Dans la nuit de Noël 496, en effet, à minuit, au jour anniversaire et à l'heure même de Sa naissance, le Christ — lors de la naissance spirituelle de la France et de ses Rois — voulut, par un miracle éclatant affirmer la Mission divine de notre Pays et de sa Race Royale pour sanctionner, pour confirmer solennellement les paroles divinement inspirées de Son Ministre au moment même où celui-ci, saint Rémi, allait proclamer cette Mission au nom du Tout-Puissant. À minuit, alors que le Roi, la Reine, leur suite et leur peuple sont réunis :

> « Soudain, *raconte Hincmar*, Archevêque de Reims, une lumière plus éclatante que le soleil inonde l'Église ! Le visage de l'Évêque en est irradié ! En même temps retentit une voix :
>
> « La paix soit avec vous ! C'est Moi ! N'ayez point peur ! Persévérez en ma dilection !
>
> « Quand la voix eut parlé, ce fut une odeur céleste qui embauma toute l'atmosphère…
>
> « Puis, soudainement illuminé d'une vision d'avenir, la face rayonnante, l'œil en feu, le nouveau Moïse s'adressant directement à Clovis, Chef du nouveau Peuple de Dieu, lui tint le langage — identique quant au sens — de l'ancien Moïse à l'Ancien Peuple de Dieu :
>
> « Apprenez, mon Fils, que le Royaume de France est prédestiné par Dieu à la défense de l'Église Romaine qui est la seule véritable Église du Christ.
>
> « Ce Royaume sera un jour grand entre tous les Royaumes et il embrassera toutes les limites de l'Empire Romain ! Et il soumettra tous les peuples à son sceptre !
>
> « Il durera jusqu'à la fin des temps !
>
> « Il sera victorieux et prospère tant qu'il sera fidèle à la foi romaine.

---

9. — *Bulletin du Diocèse de Reims* 28 décembre 1907. Le Cardinal Luçon a daigné nous envoyer de sa main, une copie, du document lors de la première édition de « *La Mission divine de la France* » en 1926.

Mais il sera rudement châtié toutes les fois qu'il sera infidèle à sa vocation [10]. »

LE SAINT-ESPRIT APPORTE LA SAINTE AMPOULE DESTINÉE AU SACRE DES ROIS DE FRANCE.

Un nouveau miracle devait se produire, laissons parler Hincmar :

« Dès qu'on fut arrivé au baptistère, le clerc qui portait le chrême, séparé par la foule de l'officiant, ne put arriver à le rejoindre. Le Saint Chrême fit défaut. Le Pontife alors lève ses yeux au Ciel et supplie le Seigneur de le secourir en cette nécessité pressante.

« Soudain apparaît, voltigeant à portée de sa main, aux yeux ravis et étonnés de l'immense foule, une blanche Colombe tenant en son bec une Ampoule d'huile sainte dont le parfum d'une inexprimable suavité embauma toute l'assistance [11]. »

C'est avec le Saint Chrême contenu dans cette Ampoule qu'ont été sacrés les Rois de France [12].

Comme au Baptême du Christ, *c'est « le Saint-Esprit qui par l'effet d'une grâce singulière apparut sous la forme d'une Colombe et donna ce baume divin au Pontife* [13] »*, voulant assister visiblement au Sacre du premier Roi de France pour marquer ainsi d'un signe sacré de toute spéciale prédilection la Royauté Française, consacrer tous les Rois de France et imprimer sur leur front un caractère indélébile, sacré et divin qui leur assurerait la Primauté sur tous les autres Souverains de la terre ; enfin pour les munir de ses sept Dons, afin qu'ils puissent accomplir leur mission providentielle dans le monde.

---

10.   — Hincmar : « *Historia Ecclesia Remensis* », cap. XXXVIII, dans Migne : tome CXXV, p. 1160.

11.   — Hincmar : voir la note 10.

12.   — Voir les Appendices n° I et II, page 145 etpage 151.

13.   — Prière à Saint Rémi dans le « *Cérémonial du Sacre des Rois de France.* »

Ainsi, pour le Sacre des seuls Rois de France, Dieu a voulu non d'une huile terrestre mais d'une huile céleste, afin que le Roi de France tout comme le Christ — fut non pas fictivement, mais très réellement et véritablement « l'oint » du Seigneur. Ce privilège unique était reconnu dans le monde entier. Dans toutes les cérémonies diplomatiques, en effet, l'ambassadeur du Roi de France avait le pas sur ceux de tous les autres souverains parce que son Maître était « sacré d'une huile apportée du Ciel », ainsi que le reconnaît un décret de la République de Venise daté de 1558. Hommage universel rendu au Miracle de la Sainte Ampoule et reconnaissance éclatante de la prééminence du Roi Très Chrétien de France sur tous les autres princes de la terre [14].

Dans son « *Commentaire du Premier Livre des Rois* », le Pape Saint Grégoire le Grand, qui régna de 590 à 604, va jusqu'à écrire que :

> « Le Roi reçoit le sacrement de l'Onction. Parce qu'en effet l'onction elle-même est un sacrement. »

Et il ajoute :

> « Que la tête du Roi soit donc ointe [15]. »

Paul Lesourd constate :

> « La conversion de Clovis changea véritablement la face du monde [16]. »

Saint Avit, Évêque de Vienne, n'ayant pu assister au baptême et au Sacre du Roi, expose à Clovis la Mission de la France :

> « De toute votre ancienne généalogie, vous n'avez rien voulu conserver que votre noblesse, et vous avez voulu que votre

---

14.　　— Dans les « *Annales Bénédictines* » les études de Dom Mabillon le fondateur de la science historique actuelle. Voir l'Appendice II, p.page 207.

　　• Abbé de Vestot : « *Dissertation sur la Sainte Ampoule* », dans l'Histoire de l'Académie des Inscriptions et Belles Lettres, tome II, p. 619, année 1796.

　　• Chanoine Dessailly : « *Authenticité du Grand Testament de Saint Rémi* », chez Dumoulin à Paris.

　　• Clausel de Coussergues : « *Du Sacre des Rois de France* », 1825.

15.　　— Migne : « *Patrologie Latine* », tome LXXIX, p. 278 – Saint Grégoire le Grand, tome 18, cap. 5.

16.　　— Paul Lesours : « *Histoire de l'Église* ».

descendance fit commencer à vous toutes les gloires qui ornent une haute naissance. Vos aïeux vous ont préparé de grandes destinées ; vous avez voulu en préparer de plus grandes à ceux qui viendraient après vous … Puisque Dieu, grâce à vous, va faire de votre peuple le sien tout à fait, eh bien ! offrez une partie du trésor de foi qui remplit votre cœur à ces peuples assis au-delà de vous et qui, vivant dans leur ignorance naturelle, n'ont pas encore été corrompus par les doctrines perverses (de l'arianisme) ; ne craignez pas de leur envoyer des ambassadeurs et plaidez auprès d'eux la cause de Dieu qui a tout fait pour la vôtre [17]. »

Le Pape Anastase II, à son tour, s'adresse à Clovis :

« Nous louons Dieu qui a tiré de la puissance des ténèbres un si grand Prince, afin de pourvoir l'Église d'un défenseur, et l'a orné du casque du salut pour combattre ses pernicieux adversaires. Courage donc, cher et glorieux fils, afin d'attirer sur votre sérénissime personne et sur votre royaume la protection céleste du Dieu tout-puissant ; qu'Il ordonne à ses anges de vous garder dans toutes vos voies, et vous donne partout la victoire sur vos ennemis. »

IMPORTANCE DU RÔLE DE CLOVIS.

Godefroid Kurth écrit dans son « *Clovis* » :

« La grandeur historique du peuple franc vient tout entière du choix fait de ce peuple par la volonté transcendante qui a créé le monde moderne. À l'aurore de ce monde, il a été appelé et il a répondu à l'appel. Il a mis sa main dans la main de l'Église catholique, il a été son disciple et plus tard son énergique défenseur, et il a reçu de ses mains le flambeau de la vie pour la porter à travers les nations.

Dans son « *Histoire des Français* », Pierre Gaxotte écrit :

« Son premier titre à occuper une grande place dans l'histoire est d'avoir réuni en un peuple les populations franques disséminées

---

17.   — Mgr Delassus : *op. cit.*, pp. 109, 110.

jusqu'à la Loire … De Roi Franc, il devint Roi des Francs.
Tenant alors toute leurs forces réunies, il battit Syagrius, rejeta
les Alamans au-delà du Rhin, osa attaquer les puissants Wisigoths
et, du Midi entier, ne leur laissa que le Languedoc …

« Il n'a pas créé la nation française : il l'a mise au creuset. Il a créé
une force historique …

« Du coup, le centre politique du pays se déplace … Pour les
descendants de Clodion et de Clovis, leur capitale est Paris …

« Par son baptême, Clovis a scellé une sorte de pacte entre la
Monarchie Franque et l'Église … Le baptême reçu à Reims
des mains de l'Évêque Rémi marque donc le moment décisif de
l'hégémonie franque … Cela lui valut la sympathie, le concours
de l'Épiscopat, non seulement dans son propre Royaume, mais
dans toutes les parties de la Gaule encore au pouvoir des Goths et
des Bourguignons … Par les Évêques, le Roi des Francs s'assurait
en tous lieux la soumission et le concours des populations
gallo-romaines [18] … »

Le Père de Pascal constate :

« Un peuple, c'est une création continuée. Ce qui est
essentiellement du domaine de ce peuple, ce qui n'appartient à
aucun autre, c'est l'idée directrice de son évolution nationale …
Dans tout peuple vivant, il y a une idée créatrice qui se développe
et se manifeste par l'organisation. Pendant toute sa durée, ce
peuple reste sous l'influence de cette même force nationale
créatrice, et sa mort arrive lorsqu'elle ne peut plus se réaliser …
C'est toujours cette même idée nationale qui conserve ce peuple
en reconstituant les parties vivantes, désorganisées par les abus
ou détruites par les accidents extérieurs et les révolutions … »

Or cette idée directrice, cette idée créatrice de la France a toujours
été de porter la vérité aux nations et d'être le soldat du Christ.

Incontestablement ce grand dessein religieux et politique
tout à la fois avait été inspiré au Roi par saint Rémi, l'Archevêque
consécrateur de Reims et l'un des plus grands hommes politiques de
l'histoire en même temps que l'un des plus grands saints [19], mais

---

18. — Pierre Gaxotte : « *Histoire des Français* », tome I, pp. 87 et 88.

19. — Voir notre étude : « *Saint Rémi, Apôtre des Francs.* »

Clovis eut l'intelligence et le mérite d'en saisir toute l'importance et de le réaliser.

LE MIRACLE DE JOYE EN VAL ET LES ARMES DE FRANCE.

Le Christ allait encore accomplir de nouveaux prodiges en faveur de Clovis, la donation des Armes de France à l'Ermitage de Joye en Val :

> « Advint un jour que le dict hermite estant en oraison, un ange s'apparut à luy en luy disant qu'il feist raser les armes des trois croissants que le dict Clovis portoit en son escu (combien qu'aucuns disent que c'estoient trois crapeaux) et au lieu d'iceux portast un escu dont le champ fust d'azur semé tout de fleurs de lys d'or, et Iuy dict que Dieu avait ordonné que les Rois de France portassent doresnavant telles armes [20]. »

Armes que le Roi adopta sur-le-champ.

Et Guillaume de Nangis, dans sa « *Chronique de Saint Louis* » explique la signification symbolique des Armes de France :

> « Puisque Notre Père ‚Jhésus-Christ veut espécialement sur tous autres royaumes enluminer le Royaume de France de Foy, de Sapience (sagesse) et de Chevalerie, li Roys de France accoustumèrent en leurs Armes à porter la fleur de lis paincte par trois fueillées (feuilles), ainsi comme se ils deisent à tout le monde : Foi, Sapience et Chevalerie sont par la provision et par la grâce de Dieu, plus abondamment dans nostre Royaume que en ces aultres. Les deux fueillées qui sont œles (ailes) signifient Sapience et Chevalerie qui gardent et défendent la tierce fueillé qui est au milieu de elles, plus longue et plus haute, par laquelle Foy est entendue et segneufiée, car elle est et doiht estre gouvernée par Sapience et deffendue par Chevalerie. Tant comme ces trois grâces de Dieu seront fermement et ordénement joinctes ensemble au Royaume de France, li Royaume sera fort et ferme, et se il avient que elles soient ostées et desseurées

---

20.   — Nicolle Gilles : « *Histoire de France* », (1492).

(séparées), le Royaume cherra (tombera) en désolacion et en destruiement [21]. »

Charles V fixa définitivement à trois les Fleurs de Lys des Armes de France en l'honneur des Trois Personnes de la Sainte Trinité et pour les représenter [22].

LE TESTAMENT DE SAINT RÉMI.

Le Testament de Saint Rémi a une importance capitale pour la France et pour les Français ; c'est une véritable vision d'avenir, qui prend une autorité d'autant plus grande du fait que le Pape Saint Hormisdas octroya des pouvoirs exceptionnels à Saint Rémi en l'instituant son Légat Pontifical pour toute la France :

> « Nous vous donnons tous nos pouvoirs pour tout le Royaume de notre cher Fils spirituel Clovis, que par la grâce de Dieu vous avez converti avec toute sa Nation, par un apostolat et des miracles dignes du temps des Apôtres [23]. »

Saint Pie X, le 13 décembre 1908, lors de la lecture du Décret de Béatification de Jeanne d'Arc, disait de ce Testament de Saint Rémi :

> « Vous direz aux Français qu'ils fassent leur Trésor des Testaments de Saint Rémi, de Charlemagne et de Saint Louis, qui se résument dans ces mots si souvent répétés par l'Héroïne d'Orléans :

> « Vive le Christ qui est Roi de France ! »

21.　— Guillaume de Nangis cité par Mgr Delassus : « *Esprit Familial* », p. 225.

22.　— Acte d'Enregistrement des Lettres de fondation du Couvent et de la chapelle des Célestins de Limay par Charles V, en l'honneur de la Sainte Trinité. Les trois fleurs de lys représentent également la Sainte Famille et aussi le triangle symbolique du Christ, de la Sainte Vierge et de Saint Michel, les trois Vainqueurs de Lucifer.

　• Comte de Place : « *Problèmes héraldiques* »

　• Père Pie de Langogne : « *Vie de la Vénérable Philomène de Sainte Colombe* ».

23.　— Hincmar : « *Vita Sancti Remigii* » cap LIX (Mimes : *op. cit.*, tome CXXV, p. 1168).

« À ce titre seulement la France est grande parmi les Nations. À cette clause Dieu la protégera et la fera libre et glorieuse. À cette condition, on pourra lui appliquer ce qui dans les Livres Saints est dit d'Israël : Que personne ne s'est rencontré qui insultât ce peuple, sinon quand il s'est éloigné de Dieu [24]. »

Voici les parties essentielles de ce Testament :

« Que le présent testament que j'ai écrit pour être gardé respectueusement intact par mes successeurs les évêques de Reims, mes frères, soit aussi défendu, protégé partout envers et contre tous par *mes très chers Fils les Rois de France par moi consacrés au Seigneur* à leur baptême, par un don gratuit de Jésus-Christ et la grâce du Saint-Esprit.

« *Qu'en tout et toujours il garde la perpétuité de sa force et l'inviolabilité de sa durée …*

« … Par égard seulement pour *cette Race royale* qu'avec tous mes frères et co-évêques de la Germanie, de la Gaule et de la Neustrie, *j'ai choisie délibérément pour régner jusqu'à la fin des temps*, au sommet de la majesté royale pour l'honneur de la Sainte Église et la défense des humbles.

« Par égard pour cette Race que j'ai baptisée, que j'ai reçue dans mes bras ruisselante des eaux du baptême : *cette race que j'ai marquée des sept dons du Saint-Esprit, que j'ai ointe de l'onction des Rois par le Saint-Chrême du même Saint-Esprit* ;

« J'ai ordonné ce qui suit :

Iᵉ – MALÉDICTIONS

« Si un jour cette Race Royale que j'ai tant de fois consacrée au Seigneur, rendant le mal pour le bien, lui devenait hostile, envahissait ses églises, les détruisait, les dévastait :

« Que le coupable soit averti une première fois par tous les Évêques du diocèse de Reims,

« Une deuxième fois par les églises réunies de Reims et de Trèves [25],

« Une troisième fois par un tribunal de trois ou quatre Archevêques des Gaules,

---

24.   — *Actes de Saint Pie X*, tome V, pp. 204-205.

25.   — Ainsi, à l'origine de notre Histoire, la frontière indiquée était bien celle du Rhin.

« Si à la septième monition il persiste dans son crime, trêve à l'indulgence ! Place à la menace !

« S'il est rebelle à tout, qu'il soit séparé du corps de l'Église par la formule inspirée aux Évêques par l'Esprit Saint … Qu'à la malédiction finale on remplace seulement, comme il convient à la personne le mot épiscopat par le mot royauté :

« Que ses jours soient abrégés et qu'un autre reçoive sa Royauté !

« Si les Archevêques de Reims, mes successeurs, négligent ce devoir que je leur prescris, qu'ils reçoivent pour eux la malédiction destinée au prince coupable : que leurs jours soient abrégés et qu'un autre occupe leur siège.

IIe – BÉNÉDICTIONS

« Si Notre Seigneur Jésus-Christ daigne écouter les prières que je répands tous les jours en sa présence, spécialement pour la persévérance de cette race royale, suivant mes recommandations, dans le bon gouvernement de son Royaume et le respect de la hiérarchie de la Sainte Église de Dieu,

« Qu'aux bénédictions de l'Esprit Saint déjà répandues sur la tête royale s'ajoute *la plénitude des bénédictions divines !*

« *Que de cette race sortent des Rois et des Empereurs* [26] qui, confirmés dans la vérité et la justice *pour le présent et pour l'avenir suivant la volonté du Seigneur pour l'extension de la Sainte Église, puissent régner et augmenter tous les jours leur puissance* et méritent ainsi de s'asseoir sur *le Trône de David* dans la céleste Jérusalem où ils régneront éternellement avec le Seigneur. Ainsi soit-il [27]. »

Comment ne pas rapprocher de ce Testament le serment de Dieu à David dans le Psaume 88 :

---

26. — Comme les Rois de France ont été fidèles ! Le nombre des couronnes que leur race portées le prouve France, Lorraine, Allemagne, Hongrie, Pologne, Savoie, Italie, Constantinople, Espagne. Parme, Naples. Sicile, Portugal. Autriche, Brésil, etc …

27. — Flodoart : « *Historia Reme.is Ecclesiae* », liv. I, Chap. XVIII (Migne : *op. cit.*, tome CXXXV, pp. 60 à 68.)

Au siècle dernier l'authenticité indiscutable de ce document été prouvée par l'Abbé Auguste Dessailly dans mn ouvrage fondamental et décisif : « *L'authenticité du grand Testament de Saint Rémi.* »

> « Si mes fils abandonnent ma loi ; s'ils ne marchent point dans la voie de mes jugements ; s'ils profanent mes justices et ne gardent pas mes commandements, Je visiterai leurs iniquités avec la verge et leurs péchés avec le fouet ; *mais je n'éloignerai jamais de ce peuple Ma miséricorde.* »

Et encore :

> « *J'ai fait à David un serment irrévocable par Mon Saint Nom et Je ne lui mentirai point : Je lui ai promis que sa Race demeurera éternellement et que son Trône sera éternel en Ma présence comme le soleil…* »

LE BLASON DES ROIS DE FRANCE FLEURDYSÉ

Le nombre de lys est fixé à trois sur le champ d'azur, par Charles V
en 1376 en l'honneur des Trois Personnes de la Sainte Trinité.

Bibliothèque Nationale de France

Chapitre II

**Le sacre des rois est la reconnaissance
et la proclamation de la royauté
universelle du Christ qui seul est Roi**

Étudions maintenant le Sacre, et très spécialement le Sacre réservé par l'Église aux seuls Rois de France.

Le Christ seul est Roi.

Jésus-Christ, Roi des Rois, est le principe de toute Royauté ; tout pouvoir émane de Lui, comme Dieu. Il est le modèle parfait des Rois de la terre. *Il est Roi par droit héréditaire* comme Fils de Dieu, Dieu Lui-même, et Sa Souveraineté est infinie, son pouvoir absolu. *Il est Roi par le Sacre,* par l'onction : « Dieu Vous a oint d'une huile de joie au-dessus de ceux qui ont été sacrés comme Vous [28] » et « c'est Dieu, Son Père, qui le consacre de Sa propre main » personne n'étant digne de sacrer le Christ. *Il est enfin Roi par droit de conquête,* sur la Croix.

C'est la Royauté Universelle du Christ, c'est son Sacre qui ont été l'occasion de la chute de Lucifer et des mauvais anges. C'est aussi cette Royauté et ce Sacre qui ont été pour saint Michel et les bons Anges l'occasion de leur victoire. Il est donc logique — théologique même — que Satan-Lucifer poursuive d'une haine inextinguible tous les « oints » du Seigneur, dont le rôle est d'être des images du Christ-Roi, mais aussi que ceux-ci jouissent de la spéciale protection de saint Michel, le Chef de toutes les Milices Célestes.

---

28. — *Psaume* XLIV.

C'est par le Sacre du Verbe que Lucifer a été vaincu ; c'est par celui des Rois et des Évêques — représentants spirituels et temporels de la Royauté du Christ — qu'il continuera de l'être.

Aussi, « Satan qui veut anéantir le bonheur de l'homme et qui tend par tous les moyens dont il dispose à détruire le règne de Dieu pour y substituer le sien, n'a pas trouvé de plus sûr moyen pour arriver à son but que de *tout tenter pour faire disparaître le Pouvoir Pontifical et le Pouvoir Royal : le Pontife et le Roi*, qui sont les deux colonnes de l'édifice social, sont (donc) l'objet des attaques particulières et constantes de l'enfer ; *le Pontife et le Roi qui sont les canaux des grâces spirituelles et temporelles* dont le Seigneur veut combler les peuples ; les témoins de Sa Providence à travers les âges, les deux fils de l'Huile Sainte qui sont devant le Seigneur de la terre. (*Apoc.* XI.) Satan s'efforce de les supprimer [29]. (*Zach.* 14, 14.) »

Pierre Virion fait cette évidente constatation :

« Si la souveraineté du peuple est vraie, la Royauté du Christ n'existe pas plus à l'universel qu'au particulier. Si elle n'est pas Vraie, la Royauté du Christ existe au particulier comme à l'universel [30]. »

Mais le Christ ne pouvait descendre que d'une Famille Royale, aussi Dieu le Père établit-il la Royauté sur Israël comme étant la forme de gouvernement e la plus naturelle, la plus parfaite et celle qui pouvait le mieux assurer la paix et la durée de l'État.

LE SACRE DES ROIS D'ISRAËL
SOUS L'ANCIEN TESTAMENT.

« *C'est par Moi que règnent les Rois* [31]. »

---

29. — Voir la remarquable étude de M. Vassal, publiée en 1890, « *Dieu, le Royauté et le salut de la France.* »

30. — Pierre Virion, « *Le Roi du Ciel et le Saint Royaume selon Sainte Jeanne d'Arc* », pp. 22 et 27.

31. — « *Livre de la Sagesse* », chapitre VI, et aussi : *Proverbes* VIII 15 et 16

Non seulement Dieu établit la Royauté, mais il fit choix de la Race Royale qui devait donner naissance à Son Fils :

> « Vous établirez celui que le Seigneur votre Dieu aura choisi du nombre de vos frères. »

Et Dieu porta son choix sur la Maison d'Isaïe. Mais avant de faire monter cette Maison sur le Trône, Il veut que les exemples et les fautes d'un Roi d'une autre race lui servent d'exemple, aussi ordonne-t-il au Grand Prêtre Samuel de sacrer Saül.

Pour bien montrer à quel point la grâce du Sacre est efficace, Il choisit un simple pâtre, sans instruction et sans intelligence :

> « Samuel prit une fiole d'huile qu'il répandit sur la tête de Saül et il le baisa et lui dit : « C'est le Seigneur qui par cette onction vous sacre prince sur son héritage. » (I, *Rois*, X - I).

> « *Le Sacre est le lien qui unit le Roi à Dieu* et le canal par lequel la puissance, l'assistance et le rayonnement de la majesté divine se communiquent au Roi au moment même où il devient « *l'oint* » *du Seigneur, personne sainte et sacrée.* » (I. *Rois*, IX - 15 à 17, et X, I, etc. …)

Samuel ajoute à Saül :

> « En meule temps l'esprit du Seigneur se saisira de vous et vous serez changé en un autre homme. » (1, Rois, X-6). En effet, « Dieu lui changea le cœur et lui en donna un autre. » (I, Rois, X-6.)

> Ainsi, « *par l'onction Dieu créa en lui une personne morale douée d'une grande supériorité. De cet israélite simple, timide, irrésolu, Dieu fit un Roi sage, prudent, plein de fermeté et d'énergie, capable de conduire dans sa voie la nation choisie* [32]. »

Et Samuel termine son allocution par cette recommandation que les Souverains et Chefs d'État ne devraient jamais oublier :

> « Faites hardiment tout ce qui se trouvera à faire, parce que le Seigneur sera avec vous. » (I, *Rois* : X - 7.)

Il s'en suit donc qu'il n'est pas nécessaire que le Roi soit un homme de génie puisque Dieu, par la vertu du Sacre, supplée aux qualités qui lui manquent. Aussi, Saül est-il vainqueur en toutes

---

32. — Vassal, *op. cit.*, p. 54.

circonstances, réalisant cette prophétie d'Isaïe, vraie pour tous les temps :

> « *Le joug tombera en pourriture en présence du Sacre.* » (x - 17.)

Mais, Saül s'étant arrogé les droits du Sacerdoce, il est rejeté. Dieu donne l'ordre à Samuel :

> « De prendre l'huile sainte et d'aller à Bethléem où Il s'est choisi un Roi parmi les enfants d'Isaïe : le plus jeune David. Sacrez-le présentement car *c'est Lui que J'ai choisi.* » (I, *Rois*, XVI - 1 et 12.)

Quoique rejeté par Dieu, Saül, avant reçu l'Onction Sainte, conserve un caractère sacré. Il demeure personne sacrée et, malgré tout, figure du Christ à tel point que David — déjà sacré, lui aussi —, ayant eu la possibilité de tuer Saül qui le pourchassait de sa haine, s'écrie :

> « Que l'Éternel me préserve de porter la main sur le Christ de l'Éternel. » (*Samuel* I, cap 26 - verset 11.)

Les Grands-Prêtres et les Rois d'Israël, parlant des Rois les appellent « les Christs de l'Éternel », confirmant ainsi — bien avant la naissance temporelle du Christ — que Ce dernier est bien très réellement le Seul Roi, et que les Rois ne peuvent être, et ne sont très réellement que Ses images, Ses représentants, malgré et quels que soient leurs défaillances humaines.

L'Onction Sainte donnait un tel caractère au Roi que porter la main sur lui, le tuer, constituait un véritable *sacrilège*. Telle est la leçon que donne le Roi David.

> « *Ne touchez point à Mes Oints* » a dit le Seigneur. (*Psaume* CV - 15.)

Ainsi, du vivant même de Saül, *David est devenu par le Sacre le seul Roi légitime, et pourtant il est inconnu de tous — hors Dieu et sa famille — Roi caché que Dieu ne veut pas faire connaître encore, afin de le préparer à sa Mission future et de le mettre à l'abri des ennemis jusqu'au jour fixé par Sa Providence pour l'accomplissement de cette Mission divine.*

David est ainsi la préfiguration parfaite du grand Roi que Dieu va révéler et fera monter sur le Trône de France. Roi qui, pour les mêmes raisons, restera caché jusqu'au dernier moment.

David, dès lors, est *rempli de l'Esprit-Saint* ; tout ce qu'il entreprend réussit et, seul, il peut arrêter la folie de Saül, de l'esprit duquel Dieu s'est retiré pour faire place à Satan. L'esprit de David, en effet, étant :

> « *Uni par le Sacre à l'Esprit de Dieu, devient supérieur à l'esprit mauvais et se trouve par ce secours en position de le dominer et de le vaincre. Voilà pourquoi l'institution de la Royauté a une si grande importance et que Dieu a voulu, ainsi que le constate l'Écriture, y mettre Lui-même la main* [33]. »

Par le Sacre, Dieu constitue donc un homme Son représentant officiel et le munit d'une armature divine pour défendre la société contre les attaques de l'enfer.

Après la mort de Saül, toutes les tribus d'Israël vinrent trouver David à Hébron et lui dirent :

> « Nous sommes vos os et votre chair. » (II - *Rois*, v - i.)

Paroles remarquables, certainement inspirées par Dieu, et qui doivent être rapprochées de celles d'Adam concernant Ève :

> « Voilà l'os de mes os, la chair de ma chair. »

Et très justement Vassal écrit :

> « Comme l'homme doit être uni à son épouse, ainsi le peuple doit être uni à son Roi. Comme l'homme est le Chef de la femme, ainsi le Roi est le Chef et la Tête du peuple et ne fait qu'un avec lui.
>
> « C'est par la tête que la bénédiction de Dieu descend sur le corps tout entier : par le Roi qu'elle descend sur la société. Ainsi, le Roi devient par le Sacre la source et le canal des faveurs multiples de Dieu sur le peuple [34]. »

Cette étude sur le Sacre sous l'Ancien Testament réservé aux seuls Rois du Peuple élu de Dieu, était nécessaire pour éclairer celle du Sacre des Rois de France, Rois du Peuple Élu du Nouveau Testament, car les leçons qui s'en dégagent s'appliquent également à l'Ère chrétienne.

---

33.   — Vassal, *op. cit.*, pp. 67 et 68.
34.   — Vassal, *ibid.*, pp. 74 et 75.

Le Sacre spécial des rois de France, fils aînés de l'Église, à Reims.

« Le Sacre de nos Rois est la cérémonie la plus solennelle que la religion ait établie pour rendre nos Monarques respectables »

Dit Alletz dans son « *Cérémonial du Sacre* ». *Le Sacre est en France la consécration nécessaire de l'autorité royale.* « Gentil Dauphin » disait Jeanne d'Arc à Charles VII tant qu'il ne fut pas sacré, confirmant ainsi le droit public français qui voulait que le Sacre seul conférât le Pouvoir Royal dans lequel s'incarnait la Royauté Divine.

Le Pape Pie II écrit :

« Les Français nient que soit Roi celui qui n'a pas été oint de cette huile. » (Celle de la Sainte Ampoule.)

Le bénédictin Dom Besse expose dans une page magistrale la signification du Sacre :

« Le Roi prenait possession de son trône le jour du Sacre. *Jésus-Christ lui conférait dans la basilique de Reims l'investiture du Royaume. Il recevait du prélat consécrateur, avec le caractère royal, les aptitudes au gouvernement.* Nous les appelons, dans la langue chrétienne, les grâces d'état. *Un caractère sacré s'imprimait sur toute sa personne, il en faisait un être à part, un consacré.* Le Peuple Chrétien le prenait pour l'Élu de Dieu, l'Oint du Seigneur ; *il voyait en Dieu la source des droits qui lui arrivaient par la naissance.* De son côté, le Souverain acceptait sa fonction comme un mandat. *Il régnait au nom du Tout-Puissant, en vertu d'une délégation officielle.*

« Il y avait plus encore : *un lien religieux se formait entre le Roi et son Royaume* pour s'adjoindre à celui que le droit héréditaire avait déjà formé. *Leur union devenait ainsi plus forte et plus féconde. Le Roi appartenait à la France et la France appartenait au Roi.* Le Roi lui devait le service d'un gouvernement ferme, sage et chrétien. La

France lui donnait toute sa fidélité et son dévouement. *L'Église, en consacrant cette union, lui donnait un nouveau droit au respect public, ceux qui auraient tenté de le rompre se seraient rendus coupables d'un sacrilège. Le Sacre faisait du Prince un homme ecclésiastique, sa souveraineté apparaissait comme une fonction sainte* [35]. »

Un autre théologien, le Père Clérissac, écrit :

« ... C'est bien à cette suzeraineté du Christ que rend hommage le Sacre royal. Il est plus et autre chose qu'une simple attestation de l'origine fondamentalement divine de l'autorité sociale ...

« Le Sacre ne peut pas ne vouloir dire que cela. Il est même plus encore qu'un appel de la bénédiction et de l'assistance divines sur la personne royale, d'ailleurs réel et certainement efficace quand il est fait par l'Église, et qui assure à la personne royale, selon ses dispositions, de véritables grâces d'état, lui donne un titre nouveau à la confiance des peuples.

« Non, *ce que fait avant tout la Consécration Royale, c'est de rattacher le Pouvoir terrestre à la suzeraineté de Jésus-Christ,* laquelle est unique et universelle, c'est de ranger sous une loi plus sainte et plus parfaite que la religion naturelle, sous la loi nouvelle de Jésus, cet organe et cette fonction de puissance humaine, dont le monde est le plus violemment jaloux, le pouvoir politique, point de départ et centre de convergence de toute l'activité sociale ... *C'est de le coordonner au gouvernement de Jésus-Christ et de l'imprégner de son esprit.* »

« Mais cet engagement du Pouvoir humain ne se fait pas sans une certaine réciprocité de la part de Dieu. Voici comment. L'onction royale ne crée pas précisément le droit royal ; elle le suppose ... Ce n'est donc pas précisément sur son droit humain que porte la réciprocité divine dans le pacte du Sacre ... *Le Sacre ... est ...* une présomption plausible et *un signe que celui qui le reçoit est agréé de Dieu ...* comme un agent, un instrument, et, si l'on veut même, *un mandataire de sa Providence surnaturelle ... Le Sacre impose plus de devoirs qu'il ne confère de droits : il introduit pourtant réellement le pouvoir humain dans la sphère même où Dieu gouverne les âmes. C'est une sorte de légitimité morale ... Dieu a donc souscrit*

---

35.   — Dom Besse, « *Église et Monarchie* », p. 240.

au pacte du Sacre en agréant le Roi … Rien n'empêche un peuple chrétien de reconnaître ce signe avec une vénération fervente qui donnera au titre royal une force équivalente à une véritable élection divine [36]. »

Très justement l'Abbé Bayot [36bis] écrit :

« *Avant tout, la consécration royale rattache le Pouvoir Royal à la Suzeraineté de Jésus-Christ, laquelle est unique et universelle ; c'est la sanctification de cet organe et de cette fonction, le pouvoir politique, point de départ et centre convergent de toute l'activité sociale… ; c'est la coordination, l'articulation de ce pouvoir sur celui de Jésus-Christ.*

« Ainsi le pouvoir du Roi est épuré et rehaussé …

« *(Le Roi) reçoit une délégation du pouvoir de Dieu : suzeraineté sur une part de t'Église militante.*

« *… Cette consécration fait de son bénéficiaire l'homme de Dieu au sens féodal et chrétien : le lieutenant de Dieu sur terre. À charge pour le* Roi de remplir au mieux *cette fonction qui est en même temps une vocation ;* le drame pour chacun est que *cette vocation n'est pas personnelle, mais familiale ; elle constitue, pour des actes personnels, une exigence héréditaire …*

« Le Sacre est constitué essentiellement par le rite de l'onction, onction du Saint Chrême, rite qui nous vient du fond des âges bibliques. Le symbolisme de cette onction est clair ; elle reproduit l'infusion sur l'humanité de Jésus-Christ, de sa divinité, qui le fait prêtre, prophète et roi … *Le Roi est le vassal, donc le coopérateur du Christ Pantocrator …*

« *Homme de Dieu, homme du Christ, Christ Temporel, avènement du Roi éternel ; extraordinaire bénéfice moral, redoutable charge qui donne au Roi la responsabilité de mener son royaume, de par le Christ, au bonheur temporel et au salut éternel ; qui lui donne juridiction sur les corps et souci des esprits et des âmes ; qui lui interdit neutralité et laïcité ; lui ordonne d'écarter danger, misère, occasion de péché — et de pourvoir à toute salubrité menant au salut de chaque âme ;*

---

36. — R. P. Clerissac, « *La mission de Sainte Jeanne (d'Arc)* », pp. 36 à 40. Tous les passages soulignés le sont par nous.

36bis. — *Cahiers Charles Maurras*, n° 52 – 1974 : « *Étude pour le deuxième centenaire de la mort de Louis XV.* » C'est nous qui soulignons.

... le pouvoir humain, baptisé par le sacre, prend une dimension que la foi admire, que le peuple vénère, mais que le souverain ne peut recevoir qu'en tremblant — il est dit : « *strenuus contra adversarios Ecclesiae Christi defensor ; mediator cleri et plebis.* » (courageux défenseur contre les ennemis de l'Église du Christ ; médiateur du clergé et du peuple.)

Et, après avoir rappelé que le Roi promet d'expulser du royaume « les hérétiques nommément condamnés par l'Église » l'abbé Bayot conclue :

« N'est-il pas ainsi un « *évêque du dehors… pour faire de la royauté le socle de la monarchie divine …* »

C'est avec raison que Louis XV déclarait :

« *Nous ne tenons notre couronne que de Dieu. Le droit de faire des lois par lesquelles nos sujets doivent être conduits et gouvernés nous appartient à nous seul, sans dépendance et sans partage. Car ce droit est de droit divin et engage en conscience le Roi comme son peuple.* »

On conçoit donc que le Roi n'ait pas le droit d'abdiquer, car on ne peut renoncer à exécuter son devoir.

Pierre Pugnet très justement, écrit que :

« l'onction de Reims est l'affirmation peut-être la plus solennelle de la Royauté du Christ.

« *Telle était l'institution de droit (la Royauté Française) dans laquelle s'incarnait la Royauté divine.* »

REIMS EST LA VILLE DU SACRE

« Reims est la ville du Sacre … C'est une mission que la Providence lui donne. Elle y est préparée par son histoire. Le baptême de Clovis l'a marquée pour cette fin. … Quel chef-d'œuvre a germé de son sol sous l'influence des idées du Sacre ! Vous avez vu l'admirable Basilique de Sainte-Marie de Reims. C'est une épopée de pierre. Elle a pour elle la majesté, la grâce, l'harmonie et la force de résistance.

> « La poussée vers le Ciel de ses voûtes en fait un monument plus qu'humain … Force est d'y reconnaître le Sanctuaire Royal, la Basilique de la Monarchie Chrétienne … L'acte de foi en la Royauté de Jésus-Christ sur la France s'y affirme mieux qu'ailleurs … Notre-Dame de Reims est le témoin délicat et obstiné d'un passé glorieux ; elle est, en outre, le symbole prophétique de l'avenir. Saluons en elle le signe sensible de la France chrétienne [37]. »

LA CÉRÉMONIE DU SACRE

Avant, le Sacre, des prières publiques sont ordonnées dans le Royaume. Le Roi jeûne pendant trois jours et se confesse, afin de communier à la Messe du Sacre.

À l'Église, tous les corps de l'État sont représentés.

> « La France assiste au Sacre de son Roi. Elle a pleine conscience de ce qui se passe devant ses yeux. *C'est Jésus-Christ qui va lui donner son Souverain.* Sa présence est *un acte de foi qui s'élève jusqu'à Dieu, source du Pouvoir* dans les sociétés … *La France entière, Roi et sujets, fait hommage d'elle-même à Dieu, Jésus-Christ.* Tous communient à la même pensée catholique qui rayonne sur l'ordre politique et social … Cette union des âmes concourt nécessairement à l'unité nationale [38]. »

Quelques-unes des prières et des formules du Sacre montreront l'importance de cette cérémonie et des serments qui y sont prononcés.

À l'arrivée du Roi :

---

37.   — Dom Besse, *op. cit.*, pp. 240 et 255.

38.   — Dom Besse, *op. cit.*, p. 255. Toutes les formules que nous citons sont celles du Sacre réservé par l'Église aux seuls Rois de France, car le Roi de France est le Chef temporel du monde, en tant que Fils Aîné de l'Église.

« Voilà que Je vais envoyer Mon Ange devant vous pour vous
garder. Si vous écoutez Mes paroles et si vous les observez, *Je serai
l'ennemi de vos ennemis* et J'affligerai ceux qui vous affligeront, et
Mon ange marchera devant vous.

Cet Ange n'est autre que l'Archange Saint Michel, le grand
vainqueur de Lucifer, et le Chef des Milices Célestes qui avait
déclaré à Jeanne d'Arc : « *Je suis Michel, le protecteur de la France.* »
L'Ange-gardien de la France et de ses Rois [39].

Après avoir reçu la Sainte Ampoule des mains du Grand Prieur
de Saint Rémi, le prélat consécrateur récite l'oraison suivante :

« Prions. *Dieu Tout Puissant et Éternel qui* par un effet de votre
bonté *avez voulu que la Race des Rois de France reçut l'Onction
Sainte avec le baume* qui est ici présent et que *Vous avez envoyé du
Ciel* au Saint Évêque Rémi, faites que notre Roi, votre serviteur,
ne s'écarte jamais de votre service et qu'il soit délivré, par votre
miséricorde, de toute infirmité par Notre Seigneur. »

Puis le *Roi prèle le serment de protéger l'Église et d'assurer au peuple
la justice et la miséricorde.* Et Dom Besse de conclure :

« *Le serment lie le Souverain à Dieu dont il est le représentant sur terre.
Dieu lui a donné le Royaume, il promet de le gouverner conformément
à Ses volontés. Il y a entre Eux un contrat. L'Église en est le témoin.* »

Le Père Clérissac ajoute, à propos du serment du Roi :

« J'aimerais insister sur cette participation à la mission de l'Église en
laquelle le Sacre fait entrer le Roi. *Il devient l'Évêque du dehors…*
On dirait que *l'Église* voulût en traduire toute la réalité dans
l'appareil dont elle entoure la personne du Roi et qui rappelle
celui dont elle entoure ses Pontifes. Elle … *lui fit une place
d'honneur dans ses Conciles, laissa même passer … une prière qui
demande pour le prince le don d'enseigner et d'instruire, en même
temps que de défendre l'Église et le peuple… L'autorité royale est
auréolée de la lumière dont resplendit l'Église… et prend une part
officielle à la vie d'adoration et de louange, aussi bien qu'aux destinées
militantes de l'Église* [40]. »

---

39. — Voir notre étude : « *Mémoire pour la Consécration de la France à
Saint Michel* » préfacée par S. Exc. Monseigneur de la Villerabel, Archevêque d'Aix.

40. — R. Père Clerissac, *op. cit.*, pp. 50 et 51. C'est nous qui soulignons.

Après le serment :

> « Le Roi se prosterne tout de son long, les Évêques, le Clergé, tout
> le monde fléchit les genoux. Le spectacle est grandiose. C'est
> la France entière qui est là, suppliante. Le Ciel est entrouvert
> au-dessus de la Basilique. Dieu entouré de la cour de Ses saints
> contemple. Il bénit. C'est la France qu'Il bénit en la personne de
> son Chef. Il lui donne tout ce qui peut rendre son gouvernement
> prospère [41]. »

Puis, le Prélat consécrateur remet l'épée entre les mains du Roi :

> *« Prenez cette épée qui vous est donnée avec la bénédiction du Seigneur*
> *afin que par elle et par la force de l'Esprit-Saint, vous puissiez*
> *résister à tous vos ennemis et les surmonter… O vous qui êtes le fort*
> *d'Israël ! Prenez votre épée et disposez-vous au combat ; afin que*
> *par son secours vous exerciez la justice, vous brisiez la mâchoire*
> *des injustes ;* que *vous protégiez et défendiez la Sainte Église de*
> *Dieu et de ses enfants ; que vous n'ayez pas moins d'horreur pour les*
> *ennemis secrets du non chrétien que pour ceux qui le sont ouvertement*
> *et que vous travailliez à les perdre ;* que vous protégiez avec bonté
> les veuves et les orphelins ; que vous répariez les désordres ; que
> vous conserviez ce qui a été établi ; que vous punissiez l'injustice ;
> que vous affermissiez tout ce qui a été mis dans l'ordre, afin que,
> couvert de gloire par la pratique de toutes ces vertus et faisant
> régner la justice, *vous méritiez de régner avec notre Sauveur, dont*
> *vous êtes l'image,* et qui règne avec le Père et le Saint-Esprit dans
> les siècles des siècles. Ainsi soit-il.

En ceignant le Roi de l'Épée :

> « Passe le glaive autour de tes reins, ô très puissant, et souviens-toi
> que les saints ont vaincu les royaumes non avec le glaive niais
> avec leur foi… »

Puis :

> « Seigneur, daignez le combler des bénédictions de votre grâce
> spirituelle et *revêtez-le de la plénitude de votre puissance… qu'Il*
> *soit le plus puissant des Rois… Que pour la suite des siècles, il naisse*
> *de lui des Successeurs à son Trône.* »

---

41.   — Dom Besse, *op. cit.,* p. 261. C'est nous qui soulignons.

Ensuite a lieu la préparation du Saint-Chrême pendant laquelle le chœur chante :

> « Le bienheureux Rémi, ayant pris de ce baume céleste, sanctifia d'une grâce sans fond la race illustre des Français en même temps que leur noble Roi et *les enrichit de tous les dons du Saint-Esprit, qui par l'effet d'une grâce singulière, apparut sous la forme d'une colombe et donna ce baume divin au Pontife.* »

Alors a lieu le Sacre proprement dit :

> « *Je vous sacre Roi avec cette huile sanctifiée, au nom du Père, du Fils et du Saint-Esprit.* »

Pendant le Sacre, la prière suivante est récitée :

> « *Qu'il réprime tous ses ennemis visibles et invisibles …*
> *Que sa puissance inspire de la terreur aux infidèles …* »

Puis l'Archevêque consécrateur prend sur l'Autel le Sceptre royal et le met dans la main droite du Roi, en disant :

> « Recevez ce sceptre qui est la marque de la puissance royale, appelé sceptre de droiture et règle de la vertu, pour vous bien conduire, et vous-même, et la Sainte Église, et le peuple Chrétien qui vous est confié, pour le défendre des méchants, par votre autorité royale, pour corriger les pervers ; pour pacifier les bons et les aider à marcher dans les sentiers de la justice ; afin que par le secours de Celui dont le règne et la gloire s'étendent dans tous les siècles, vous passiez d'un Royaume temporel à un Royaume éternel. Amen. »

Et il ajoute la prière suivante :

> « *Dieu tout puissant qui êtes la source de tous les biens, l'auteur des progrès qu'on fait dans la vertu, faites que votre serviteur Louis (ou Henri, ou Charles …) use avec sagesse de sa dignité. Donnez-lui la force nécessaire pour soutenir l'honneur de la Royauté, dont Vous lui avez fait part. Faites-le respecter plus que tous les Rois de la terre ; comblez-le de vos bénédictions ; affermissez-le sur son trône ; faites-lui sentir votre présence par les enfants que Vous lui donnerez : accordez-lui une longue vie ; que la justice fleurisse sous son règne, et qu'il soit couvert de gloire et comblé de joie dans le Royaume éternel. Par Notre-Seigneur.* »

Le Roi reçoit ensuite la Main de Justice, dans la main gauche :

> « Recevez cette verge de vertu et d'équité : qu'elle vous serve à pacifier les pieux, et à terrifier les méchants, à mettre les errants dans le bon chemin, à corriger les orgueilleux et à relever les humbles afin que Jésus-Christ Notre-Seigneur vous ouvre la porte du Ciel, Lui qui a dit de Lui-même : Je suis la porte : si quelqu'un entre par Moi, il sera sauvé : le même qui est la clef de David, le sceptre d'Israël ; qui ouvre, et personne ne ferme ; qui ferme et personne n'ouvre : qui tire de prison le captif assis dans les ténèbres et l'ombre de la mort : afin que vous méritiez de suivre en toutes choses Celui dont le prophète David a parlé en ces termes : Votre Trône, o Dieu, est un Trône éternel ; et *le Sceptre de Votre empire est un Sceptre d'équité* : et que vous imitiez Celui qui dit : *Parce que vous avez aimé la justice et haï l'iniquité, Dieu vous a sacré d'une huile de joie* ; enfin à l'exemple de Celui que Dieu avait oint, avant tous les siècles, d'une manière plus excellente que tous ceux qui participent à sa gloire : à savoir, Notre Seigneur Jésus-Christ. »

Enfin, a lieu le Couronnement :

> « Recevez la Couronne de votre Royaume, au nom du Père, du Fils et du Saint-Esprit.
>
> « *Comprenez qu'elle symbolise la gloire de la Sainteté, l'honneur et la force de la puissance. N'oubliez pas que par elle, vous participez à notre ministère. Si nous sommes les Pasteurs et les Recteurs des âmes, chargés de leurs besoins intérieurs, soyez dans les choses extérieures le véritable serviteur de Dieu. Assistez vaillamment la Sainte Église contre toutes les adversités : acquittez-vous utilement de la fonction royale que vous avez reçue de Dieu …*
>
> « *Qu'Il établisse autour de vous ses bons Anges pour vous garder, vous accompagner et vous suivre toujours et en tous lieux …*
>
> « Qu'Il tourne le cœur de vos ennemis vers la paix et la douceur, qu'Il couvre d'une confusion salutaire ceux qui vous persécuteraient et vous haleraient avec obstination … *Qu'Il vous fasse toujours triompher de vos ennemis invisibles.* »

Et encore :

> « *Qu'Il éloigne de vous tous ceux qui voudraient vous nuire.* »

Ainsi, par la répétition réitérée de ces prières, Dieu semble vouloir, à l'avance, mettre en garde les Rois de France contre les agissements des Sociétés Secrètes, du Pouvoir Occulte et de la Franc-Maçonnerie. La chose est d'autant plus certaine que Notre-Seigneur Lui-même, lors de Ses Apparitions à Sainte-Marguerite-Marie, emploie, à dessein, la même expression :

> « Ce Divin Cœur se veut rendre protecteur et défenseur de sa personne sacrée (celle du Roi) contre tous les *ennemis* visibles et *invisibles* [42]. »

Le Prélat consécrateur s'adressant à Dieu :

> « Soyez son aide et sa protection dans toutes les occasions, ainsi que de ceux en faveur de qui il Vous implorera. »

Dom Besse écrit :

> « On ne peut célébrer avec plus de force l'union des Représentants de l'Église et de celui qui personnifie l'État ... L'Évêque en intronisant le Souverain dans l'Église, *lui assigne sa fonction ecclésiastique. Il n'appartient pas au Clergé, mais le Sacre le met au-dessus des simples fidèles* ; sa place est entre la hiérarchie qui gouverne et la masse du peuple chrétien qui est gouvernée. *On comprend dès lors les honneurs liturgiques décernés aux Rois et le caractère religieux de leur autorité et aussi de leur personne... Le Roi est un enfant privilégié de l'Église* [43]. »

On ne peut passer sous silence ce que dit du Sacre des Rois de France un théologien très estimé. Monseigneur Delassus :

> « *L'Onction Sainte donnait la personne du Roi à la France, de telle sorte que le Roi appartenait plus au Pays qu'il ne s'appartenait à lui-même. Après les États de l'Église, c'est en France que la royauté était la plus dégagée des liens terrestres, la plus spiritualisée, peut-on dire, le Roi était plus véritablement le Père de son peuple que de ses propres enfants. Il devait sacrifier ceux-ci à celui-là ; et il savait le faire,*

---

42.   —   5ᵉ lettre de Sainte Marguerite-Marie, en date du 28 Août 1689.

43.   —   Dom Besse, *op. cit.*, pp. 266 à 270. Rappelons, à propos de la « fonction ecclésiastique » du Roi qu'aucune fonction ecclésiastique n'est exercée par la femme. Il en est de même pour le Trône de France dont les femmes sont exclu. Voir à la fin de cette étude les Appendices III et IV concernant l'exclusion des femmes du Trône et la Loi Salique.

comme les tables de marbre de Versailles en font foi. Ou plutôt ses enfants n'étaient plus à lui, c'étaient les « Fils de France ».

« *L'Onction sainte donnait au Roi un certain caractère de sainteté,* non point de cette sainteté qui rend l'homme capable de voir Dieu tel qu'il est dans les splendeurs éternelles, mais de celle qui établit des rapports particuliers entre Dieu et telle ou telle de ses créatures, c'est saint Thomas d'Aquin qui les a qualifiées de ce nom : *Sainteté*. Et il donne en preuve de leur existence ce qui s'est passé au Baptême de Clovis et ce que Dieu a renouvelé de siècle en siècle jusqu'à nos jours [44]. »

Les prières suivantes compléteront l'idée que l'Église et les Français se faisaient — ainsi qu'il se doit — du Sacre des Rois de France :

« *Qu'il soit honoré plus que les Rois des autres nations ; qu'il règne heureusement sur ses peuples ; que les nations le comblent de louange et célèbrent toute sa magnanimité.*

« *Bénissez, Seigneur, la force de notre Prince et coopérez à toutes ses œuvres ; et que par votre bénédiction le pays de sa domination soit rempli des fruits de la terre, des fruits du ciel … »*

À la fin du Sacre, l'officiant s'écrie :

« *Vivat Rex in aeternum !* Vive le Roi pour l'éternité ! »

La Messe continue, le Roi fait la Sainte Communion (sous les deux Espèces) :

« Il s'associe de la sorte au Sacrifice Eucharistique. Ces énergies divines descendent en son âme et le pénètrent tout entier pour confirmer l'œuvre sainte qui vient de s'accomplir. Quand l'office liturgique est terminé, les Évêques laissent le Roi au peuple. Il lui appartient sans réserve [45]. »

Et c'est pour faire des miracles en sa faveur …

---

44.   — Mgr Delassus, « *Problèmes de l'heure présente* », tome II, p. 604. Dans « *La Mission posthume de la Bienheureuse Jeanne d'Arc et le règne social de N. S. Jésus-Christ* » (p. 157), le prélat revient sur la question et la complète : « *Ainsi l'Onction Royale donnait au Roi une sorte de titre sacerdotal, un certain caractère de sainteté.* »

45.   — Dom Besse, *op. cit.*, p. 269.

Après le festin royal, le Roi accompagné de la Reine, se promène sans garde au milieu de son peuple et s'entretient avec les uns et les autres, comme un père au milieu de ses enfants ; le peuple peut l'approcher, lui parler sans aucun protocole.

RAISONS D'ÊTRE ET CONSÉQUENCES DU SACRE.

Ainsi, à chaque changement de règne, à chaque Sacre, la France demandait à Dieu et l'Église ratifiait sa demande — si le Roi, qu'elle reconnaissait l'Aîné de tous les Princes de la terre, et le peuple restaient fidèles à leur mission privilégiée de Protecteurs de l'Église :

- La bénédiction et le secours divin,
- des héritiers pour la Couronne,
- une population toujours plus nombreuse et forte,
- la force pour l'Armée,
- la victoire en cas de guerre,
- la prospérité dans la paix,
- la justice, la charité, la concorde entre tous,
- l'abondance de tous les biens.

Aussi la protection divine était-elle manifeste et toujours plus abondante sur la France que sur les autres peuples. Les malédictions ne frappaient le pays que s'il venait à s'écarter de la route à lui tracée par Dieu et l'obligeaient ainsi à expier ses péchés. Dans tous les domaines, la France l'emportait sur les autres Empires parce que, d'une manière générale, Roi et peuple demandaient leur pain quotidien au Dieu Tout Puissant. Comme ils cherchaient d'abord le Royaume de Dieu, Dieu leur donnait tout le reste par surcroît.

Bernard Basse constate :

> « Le Sacre avait ainsi pour effet de conférer au Roi une Sorte d'invulnérabilité ... Le Souverain respectait ses sujets. Quant au respect des sujets pour leur roi, il était immense et tenait de la vénération, presque de l'adoration. »

Il poursuit :

> « Le nombre de saints, de bienheureux et de vénérables que
> comptent dans leur famille les trois dynasties n'a pu que
> renforcer la dévotion populaire envers la royauté française.
> De sainte Clotilde, épouse de Clovis à la Vénérable Louise, fille
> de Louis XV, ce nombre atteint la centaine pour la seule France,
> sans compter par conséquent les branches royales ayant régné
> à l'étranger [46]. »

Monseigneur Delassus décrit la Mission universelle du Roi
de France :

> « Établir et faire régner la paix, constituer la France, telles sont les
> deux premières œuvres qu'a accomplies la dynastie capétienne et
> pour lesquelles elle a reçu de Dieu de si éminentes prérogatives.
> Elle eut une troisième Mission d'ordre supérieur : faire régner
> en France Notre Seigneur Jésus-Christ, mieux que cela *établir
> son règne sur le monde.*
>
> La Bienheureuse Pucelle est venue le rappeler à Charles VII après
> lui avoir rendu son Royaume.
>
> « En vue de cette Mission, le Roi de France était constitué par
> le Sacre, *l'évêque du dehors* …
>
> « À chaque renouvellement de règne, le Sacre du nouveau Roi vint
> confirmer le caractère imprimé à la monarchie française, sceller
> à nouveau *l'alliance*, si souvent notariée pour ainsi dire, par
> les Souverains Pontifes *entre le Christ et la France.* Par le Sacre,
> dit la liturgie, *les Rois de France sont faits lieutenants du Christ au
> dehors.*
>
> « Au droit temporel, terrestre, humain, que nos Rois tenaient de la
> constitution du Royaume, de leur naissance, venait s'adjoindre
> une *certaine participation au droit divin* dont Jésus-Christ est
> la source et l'Église le canal. Ils recevaient un droit supérieur
> au droit humain, afin de mettre les lois civiles en harmonie
> avec l'Évangile et d'aider l'Église à propager la foi et la morale

---

46.   — Bernard Basse, « *La Constitution de l'Ancienne France* », pp. 126-128.
Il faudrait dire non pas les trois dynasties mais les trois branches de la dynastie,
car elles appartiennent toutes à la même et unique Race Royale. Voir notre
étude : « *De la sainteté de la Maison Royale de France.* »

chrétienne : *ce qui est proprement établir dans le monde le règne du divin Rédempteur* [47]. »

Et le moine Suger, au XIIe siècle constate :

« À son couronnement, le Roi délaisse la milice séculière et il ceint *le glaive ecclésiastique* pour la punition des méchants. »

Monseigneur Delassus précise un point très important, car il prouve le caractère unique du Roi de France, caractère qui ne s'applique à aucun autre souverain :

« … Le Roi de France était sacré avec le Saint-Chrême, la plus noble des Huiles Saintes, celle qui est employée au Sacre des Évêques. Lorsque d'autre rois demandèrent à l'Église de les sacrer eux aussi, elle ne voulut leur appliquer que l'Huile des Catéchumènes. »

On devrait même dire que l'Huile Sacrée avec laquelle les seuls Rois de France étaient sacrés était plus sainte et sacrée encore que celle réservée au Sacre des Évêques puisqu'à cette Huile le célébrant ajoutait quelques gouttes de l'Huile purement céleste et divine — celle-là — apportée par le Saint-Esprit dans la Sainte Ampoule…

L'éminent prélat poursuit :

« Le Sacre de la Sainte Ampoule donnait au Roi de France *la prééminence sur tous les autres Rois*, prééminence reconnue et acceptée ; il faisait du *Roi Salique le Roi très Chrétien non seulement dans son royaume, mais sur toute la terre.* »

Les étrangers eux-mêmes reconnaissent que le Roi de France est le premier des Souverains : rappelons le décret de la République de Venise de 1558 cité plus haut (page 16).

Bonifacius de Vitalinis, jurisconsulte italien :

« Quand on nomme le roi simplement, on entend par excellence le Roi des Français. »

Balde, autre italien :

« Ce roi (celui de France) porte la couronne de gloire entre les rois. »

---

47.   — Monseigneur Delassus, « *La Mission posthume de le Bienheureuse Jeanne d'Arc et le règne social de notre Seigneur Jésus-Christ* », p. 151.

L'Anglais Mathieu Paris :

> « Il est le Roi des rois de la terre. »

Monseigneur Delassus précise :

> « Le Roi était oint à la tête d'abord, comme l'Évêque, pour montrer
> que de même que l'Évêque est la première dignité dans le clergé,
> *le Roi de France avait la prééminence sur tous les Souverains.* Il était
> oint aux mains, comme le prêtre, non pour le ministère de l'autel
> mais pour la force à exercer contre les ennemis de l'Église et de
> son peuple, et aussi pour leur conférer le don des guérisons.
> Il était oint aux épaules « pour porter le faix des affaires et de la
> paix et de la guerre ». Il était oint aux coudes « pour les rendre
> invincibles à ses ennemis. »

> « L'Onction sainte ainsi pratiquée faisait le Roi … L'onction
> sainte donnait la personne du Roi à la France [48] », à l'Église et
> à la chrétienté.

Il continue :

> « Cette onction faisait plus qu'attester l'origine divine de l'autorité
> sociale, elle était plus qu'un appel à l'assistance divine sur la
> personne royale et aux grâces d'état, *elle rattachait le pouvoir*
> *terrestre à la suzeraineté de Notre Seigneur Jésus-Christ,* elle voulait
> l'imprégner de son esprit, et *l'introduire dans la sphère ou Dieu*
> *gouverne les âmes.*

> « Ainsi l'*onction royale donnait au roi une sorte de titre sacerdotal, un*
> *certain caractère de sainteté* [48] … »

Luchaire écrit, à propos de la Royauté française :

> « Tenant ses pouvoirs d'En-Haut, le roi est lui-même un ministre
> de Dieu. *La fonction royale est une fonction divine* [49]. »

Monseigneur Delassus ajoute :

> « Le Sacre de ses Rois a été longtemps un privilège réservé à
> la France. Aucun Empereur romain, ni Constantin, ni Théodose
> n'ont reçu de l'Église cette consécration religieuse. Quand le
> moment vint où la Providence voulut avoir des rois protecteurs

---

48. — Monseigneur Delassus, *op. cit.,* pp. 151, 155 à 157.
49. — Luchaire, « *Manuel des Institutions Françaises* », p. 458.

du Saint-Siège et propagateurs de la Foi, Elle suggéra à saint Rémi, comme à un nouveau Samuel, la pensée de sacrer par l'onction sainte le fondateur de la Monarchie française [50] ... »

Le Père Clérissac, en théologien, confirme :

> « Les insignes royaux deviennent, dans les formules pour l'imposition de la Couronne et la tradition du glaive et du sceptre, *les symboles d'une puissance uniquement inspirée et guidée par la piété, d'un pouvoir qu'on dirait presque autant spirituel désormais que temporel*, en sorte que ses exploits ne sont énumérés que sous la forme d'œuvres de foi, de justice chrétienne et de miséricorde.
>
> « *C'est donc bien l'homme de Dieu, ou l'homme du Christ qui apparaît ou doit apparaître, à partir du Sacre, dans le Roi. Il est désormais à sa manière une image de l'oint divin, un Christ temporel* [51]. »

Ainsi, avec le Christianisme, la « religion du Sacre » s'est complétée ; l'onction devient le symbole de l'union dans un corps mystique et lui donne *un sens universel* :

> « *La grâce de Dieu vous a aujourd'hui changé en un autre homme et vous fait participer à sa divinité.* »

La « religion du Sacre », est un culte qui n'est pas rendu au Roi personnellement, mais par lui au Christ, dont *il tient le Royaume « en commende »*. *Il est le « vicaire de Jésus-Christ en sa temporalité »*, *l'homme du Christ*.

---

50. — Monseigneur Delassus, *op. cit.*, p. 151.

« Ce ne fut que plus tard que l'Espagne voulut avoir, elle aussi, un roi oint de l'huile sainte. l'Angleterre, puis les autres nations de l'Europe exprimèrent ensuite le même désir « Peut être serait-il plus exact de dire pour les seuls rois de France il s'agit très réellement du sacre, car eux — ET EUX SEULS — étaient oints avec l'huile des évêques, alors que pour les autres souverains oints seulement de l'huile des catéchumènes, il ne s'agissait pas réellement du sacre, mais d'une simple bénédiction.

51. — R. P. Clérissac, *op. cit.*, cité par Monseigneur Delassus, *op. cit.*, p. 307.

LE ROI THAUMATURGE :
LA GUÉRISON MIRACULEUSE DES ÉCROUELLES.

Les marques de la prédilection divine ne s'arrêtèrent pas là ; à tant de miracles, Dieu en ajouta un qu'*Il* n'accorda qu'aux *seuls Rois de France : le pouvoir de faire eux-mêmes des miracles en guérissant les écrouelles.* Miracle attaché exclusivement à la fonction de Roi de France, dès l'instant que le Roi est l'héritier légitime et qu'il a reçu l'Onction Sainte du Sacre.

> « Quant à l'origine de ce don, d'après la croyance générale, dont on trouve trace jusque dans les écrits de saint Thomas d'Aquin, elle se serait également rattachée à l'onction par la Sainte Ampoule [52]. »

Ce miracle n'était possible au Roi qu'autant qu'il était en état de grâce et venait de recevoir la Sainte Communion. Le Roi touchait les malades, puis les embrassait en disant :

> « Dieu te guérisse, le Roi te touche. »

Non seulement le Roi de France pouvait accomplir ce miracle en France, mais encore à l'étranger ; c'est ainsi que l'on vit Jean II, prisonnier à Londres après la bataille de Poitiers, et François 1er, à Madrid après Pavie, guérir « bien des malheureux atteints de semblables maladies [53]. »

On cite même un évêque polonais et des jésuites venus d'Espagne et de Portugal dans notre Pays pour être guéris par le Roi de France.

Les derniers miracles, enregistrés avec le plus grand soin, se produisirent au Sacre de Charles X, en 1825 [54].

---

52. — Frantz Funck Brentano, « *L'Ancienne France – Le Roi* », p. 177.

53. — Relation Chigi — Voir également les témoignages de saint Simon, du marquis de Sourches, d'Argenson, Etc. …

54. — Monseigneur Delassus, dans « *Problèmes de l'Heure présente* », t. II, pp. 606 et 607, écrit :

> « Nous avons sous les yeux un double récit de ce qui se passa au sacre de Charles X, l'un fait par « *L'Ami de la Religion* » livraison du 9 novembre 1825 (Tome XLV, p. 401), l'autre par les « *Tablettes du Clergé* » livraison de novembre 1825.

L'historien Mezeray, parlant des guérisons miraculeuses opérées par les Rois de France écrit au sujet des écrouelles :

> « Les Français les nomment le mal du Roi, à cause que, les médecins et les chirurgiens, s'étant le plus souvent lassés à les traiter sans aucun bon succès, sont contraints de les renvoyer à cette miraculeuse guérison qu'en font nos Rois. »

Relatant les résultats, il ajoute :

> « La violence de la douleur s'apaise aussitôt dans plusieurs, les ulcères de quelques-uns se sèchent, les tumeurs de quelques autres se diminuent, et bien souvent de mille plus de cinq cents reçoivent une entière guérison.

Il pense que la raison pour laquelle Dieu a accordé aux seuls Rois de France ce privilège est pour rappeler la mission divine de ces Rois qui est de guérir des hérésies et des schismes [54bis].

« Plusieurs personnes avaient été d'avis de supprimer cette cérémonie pour ôter un prétexte aux dérisions de l'incrédulité, et l'on donna l'ordre de renvoyer les scrofuleux. Ils se lamentèrent, le roi envoya une somme d'argent à leur distribuer. Ils dirent que ce n'était point cela qu'ils voulaient. M. l'abbé Desgenettes, alors curé de la paroisse des Missions Étrangères, plus tard curé de Notre-Dame des Victoires, qui était logé à Saint-Marcoul, voyant leur désolation, alla plaider (vue cause, et le roi annonça sa visite pour le 30 mai à l'hospice. Les malades furent visités par M. Noël, médecin de l'hospice et par M. Dupuytren, premier chirurgien du roi, afin de ne présenter que des malades vraiment atteints D'écrouelles. « Il en restait cent trente. Ils furent présentés successivement au roi par les docteurs Alibert et Thévent de Saint-Blaise. le roi les toucha en prononçant la formule traditionnelle. Le premier guéri fut un enfant de cinq ans et demi, M. Jean-Baptiste Camus ; il portait quatre plaies. La seconde fut une jeune fille de douze ans, Marie-Christine Faucheron ; elle portait une plaie scrofuleuse à la joue depuis l'âge de cinq ans. La troisième, Suzane Grévisseaux âgée de onze ans ; elle présentait des plaies et tumeurs scrofuleuses. La quatrième, Marie-Elisabeth Colin, âgée de neuf ans, portait plusieurs plaies. La cinquième Marie-Anne Mathieu, âgée de quinze ans, avait une tumeur scrofuleuse et une plaie au cou. On dressa procès-verbal de ces guérisons et on attendit cinq mois avant de la clore et de la publier, afin de s'assurer que le temps les confirmerait. »

54bis. — Mézeray, « *Histoire de France* », t. IV, pp. 35, 36, 42, 307. Éd. 1830.

Pierre de Blois écrit :

> « Le Roi de France étant le saint et l'oint du Seigneur, n'a pas
> en vain reçu le sacrement de l'onction royale, dont la vertu, si
> elle était ignorée ou révoquée en doute est pleinement confirmée
> par l'amortissement du mal des ardents et par la guérison
> des écrouelles. »

Le Docteur Robert van der Elst, dans la magistrale critique
qu'il fait du livre de Marc Bloch « *Les Rois thaumaturges* » affirme
la guérison des écrouelles et conclut :

> « Le fait ne s'explique donc que par une cause transcendante.
> Et cette cause, c'est la prédilection marquée par Dieu envers
> la Dynastie des Rois de France. Est-ce parce qu'ils sont Rois ?
> Non, certes, car les rois des autres pays ne sont pas favorisés
> du même prestige. Est-ce parce qu'ils sont saints ? Non, pas
> davantage, car ils le sont très inégalement et quelques-uns ne le
> sont pas. Qu'y a-t-il donc en eux qui justifie *cette sorte d'alliance
> entre leur race et Dieu ? Eh ! précisément la vocation de leur règne !
> Ils sont Rois pour concourir au règne de Dieu ! Ils sont de la race élue*
> pour cette fonction, ils reçoivent ce privilège à la façon d'une
> grâce, sans doute imméritée comme toute grâce, mais motivée
> par leur devoir sur le sens duquel le peuple est ainsi renseigné.
> C'est ce que rappelle le traité « *De Regimine Principum* » ...
> (de) saint Thomas (d'Aquin) ... De ce point de vue, pour
> l'esprit humain affamé de justes rapports et non de probabilités,
> indéfiniment discutables, une claire relation s'établit entre deux
> ordres de faits inégalement patents : d'une part la destinée de la
> France, surnaturellement soumise, dans l'intention de Clovis,
> aux fins de l'Église, et parfois honorée, comme au Temps
> de Jeanne d'Arc, d'une libération miraculeuse ; d'autre part le
> privilège des Rois qui n'est qu'un moyen de leur influence et
> un motif de leur confiance en Dieu, subordonnées elles-mêmes
> aux fins que ce privilège signifie [55]. »

Saint Thomas d'Aquin écrit :

> « Nous trouvons une preuve de cette sainteté dans les gestes des
> Francs et du Bienheureux Rémi.

---

55.   — Robert Van der Elst, *Revue de Philosophie*, Nov. Décembre 1925, p. 621

« Nous la trouvons dans la Sainte Ampoule apportée d'en haut par
une colombe pour servir au Sacre de Clovis et de ses successeurs,
et dans les signes, prodiges et diverses cures opérées par eux [56]. »

Au surplus, ces Miracles sont attestés dans la Bulle de
Canonisation de Saint Louis (11 Août 1297) ; *le Souverain
Pontife, Boniface VIII, prend soin de distinguer les miracles que faisait
le Saint Roi en vertu de sa sainteté personnelle et ceux qu'il faisait
grâce à sa dignité de Roi de France*, la guérison des écrouelles ;
et Benoît XIV écrit :

« Citons, par exemple, le privilège qu'ont les Rois de France de
guérir les écrouelles, non par une vertu qui leur est innée, mais
par une grâce qui leur a été accordée gratuitement soit lorsque
Clovis embrassa la foi, soit lorsque saint Marcoul l'obtint de Dieu
pour tous les Rois de France [57]. »

Enfin saint François de Sales, dans ses « *Controverses* » pour
convertir les Protestants, s'appuie entre autres miracles certains,
indubitables, sur ceux que faisaient les Rois de France, pour
montrer que « la vraye Église doit reluire en miracles » et que
l'Église Catholique romaine est la seule vraie puisqu'elle seule jouit
du miracle.

Il écrit :

« Le bon Père Louys de Grenade, en son « *Introduction sur le
Symbole* » (pars II, cap XXIX, VIII) récite plusieurs miracles
récens et irréprochables. Entre autres, il produit la guérison
que les Roys de France catholiques ont faict, de nostre aage
mesme, de l'incurable maladie des écrouelles, ne disant autre
que ces paroles : « Dieu te guérisse, le Roi te touche », n'y
employant autre disposition que de se confesser et communier
ce jour là [58]. »

*Ainsi, Dieu a voulu orner le front des Rois de France d'un rayon de
Sa Puissance et Il a choisi l'un des plus beaux : celui du miracle source
de santé, c'est-à-dire le bien le plus précieux à l'homme après la Foi,*

---

56.   — Saint Thomas d'Aquin, « *De Regimine Principum* », t. II p. 16.

57.   — Benoît XIV, « *De Canon Sanct* », Livre IV, chapitre 3.

58.   — Saint François de Sales, *op. cit.*, I° pars, cap III, art. 7, pp. 102. et 100 à 108.

Privilège unique dans sa permanence, puisqu'il ne dépend que du Roi —une fois sacré — d'en prodiguer sans cesse les effets.

> « *Merveilleux symbole de l'union dans un homme de l'humain et du divin, signe tangible des bienfaits du Ciel par le moyen d'une race* (59). »

Écrit le Père Charton, race choisie à cet effet par Dieu.

Saint François de Sales s'appuie ensuite sur le miracle pour prouver la divinité de l'Église :

> « Dieu donnait témoignages à la foy qu'il annonçait par miracles … L'Église a toujours esté accompagnée de miracles solides et bien assurés, comme ceux de son Espoux., doncques c'est la vraye Église car me servant en cas pareil de la rayson du bon Nicodème (*Jean*, III, 2.) je diray : il n'est aucune société qui puisse faire ce que celle-ci fait, ni des choses aussi éclatantes, ni d'une manière aussi constante, si Dieu n'était avec elle. » … « Ainsi oyant qu'en l'Église se font de si solennels miracles, il faut conclure que « vrayment le Seigneur est dans ce lieu » (*Gen.*, XXVIII, 16.) … La nostre doncques seule est la vraye Église (58). »

Ce raisonnement irréfutable s'applique rigoureusement aussi à la Royauté Française. *Il s'ensuit donc qu'en France le seul régime politique voulu par Dieu est la royauté, puisque, seule, elle a été établie miraculeusement et qu'au cours des âges elle a été maintenue par le miracle et a toujours joui de privilèges miraculeux, à elle seule accordés. Les autres régimes sont donc seulement permis par Dieu pour le châtiment de notre pays.* Que si les autres formes de gouvernement prétendaient à la légitimité, avec saint François de Sales on leur « imposera silence avec ces saintes paroles : « Si vous êtes le fils d'Abraham, faites les œuvres d'Abraham (58). » (*Joan*, VIII, 39.)

Et saint François de Sales ajoute, pour nous obliger à croire, sous peine de péché, à la vérité de ce qui repose sur le miracle :

> « Si Notre Seigneur n'eust faist tant de miracles on n'eust pas péché de ne le croire pas … Saint Pol témoigne que Dieu confirmait la foy par miracle (*Heb.*, II, 4) doncques le miracle est une juste rayson de croire, une juste preuve de la foy et un argument pregnant pour persuader les hommes à créance ; car si ainsy n'estait, nostre Dieu ne s'en fut pas servi.

59.   — R. P. Charton, *op. cit.*, p. XXIII.

*« Là où il plaict à la bonté de Dieu d'en fayre pour confirmation de
quelque article, nous sommes obligés de le croire.* Car ou le miracle
est une juste persuasion et confirmation ou non ; si c'est une
juste persuasion, doncques en quel temps qu'ils se fassent
ils nous obligent à les prendre pour une très ferme rayson, aussy
le sont-ils. Tu es Dieu, Toi qui fais des merveilles, dict David
(*Ps.* LXXVI, vers. 14.) au Dieu tout puissant, doncques *ce qui est
confirmé par miracles est confirmé de la part de Dieu* ; or Dieu ne
peut estre autheur ni confirmateur du mensonge, ce doncques
qui est confirmé par miracles ne peut être mensonge, ainsi pure
vérité* [(60)]. *»*

La royauté est donc bien la seule vérité politique en France.

LA ROYAUTÉ, BASÉE SUR LA FAMILLE, REPOSE SUR L'ORDRE NATUREL ET DIVIN.

La famille est d'institution divine et est la cellule sur laquelle
repose la société tout entière. Dans son remarquable ouvrage
« *L'Esprit Familial* », Monseigneur Delassus démontre cette vérité
à tous les échelons de la société humaine : famille, corporation,
cité, état. Il prouve que toute les institutions qui s'appuient sur
la famille et la favorisent sont dans l'ordre naturel, c'est-à-dire
dans l'ordre voulu par Dieu, et qu'au contraire toutes celles qui
combattent la famille ou simplement ne reposent pas sur elle sont
vouées à la disparition parce que contraires à la loi naturelle et donc
à la volonté de Dieu.

C'est pourquoi la Royauté est le régime normal parce que ce
régime a pour base la famille et ne se perpétue que par la famille ;
il repose donc sur la loi naturelle et est donc dans l'ordre voulu
par Dieu.

« La Patrie, ce fut à l'origine le territoire de la famille, la terre
du père. Le mot s'étendit à la seigneurie, et au royaume entier,

---

60.   — Saint François de Sales, *op. cit.,* cap VII : *Les règles de la foi*, art, I., pp. 319-320.

le Roi étant le Père du peuple. L'ensemble des territoires sur lesquels s'exerçait l'autorité du Roi s'appelait donc Patrie [61]. »

Dom Besse remarque que les Monarchies chrétiennes de l'Europe sont toutes l'œuvre d'une famille :

> « Cette famille est aimée et respectée comme la première du pays. Elle personnifie ses traditions et ses gloires. Sa prospérité et celle du pays n'en font qu'une. Elle porte en elle les espérances de l'avenir. Tous le savent et vivent en paix [62]. »

Mais, alors que la France, l'Allemagne et l'Italie sont toutes trois issues du démembrement de l'Empire de Charlemagne, il convient de remarquer que tandis qu'il fallut dix siècles aux deux dernières pour parvenir à leur unité, la France prit immédiatement figure de nation. À quoi notre Pays dut-il ce privilège ? À la Loi Salique et au mariage qu'il avait contracté, de par la grâce et la volonté divines avec sa Dynastie. Aucune autre Maison Royale ne poussa aussi loin le respect de l'esprit familial, et c'est ce qui fit sa force et mérita la protection de Dieu. Renan lui-même reconnaît :

> « À toute nationalité correspond une dynastie en laquelle s'incarne le génie et les intérêts de la nation ; une conscience nationale n'est fixe et ferme que quand elle a contracté un mariage indissoluble avec une famille qui s'engage par contrat à n'avoir aucun intérêt distinct de celui de la Nation. *Jamais cette identification ne fut aussi parfaite qu'entre la Maison Capétienne et la France. Ce fut plus qu'une royauté, ce fut un sacerdoce* [63]. »

C'est précisément parce que le Roi de France considérait sa raison d'être comme un sacerdoce, qu'*il a été le modèle des souverains*, et la Maison Royale de France celui de toutes les Maisons Souveraines, parce que le Roi s'est montré le digne Fils Aîné de l'Église. Dieu bénit manifestement la Royauté en France tant au sein de la Famille Royale, qui respectait les lois divines de la famille, que dans l'ordre international et bien entendu à l'intérieur du Royaume.

---

61. — Fr. Funck-Brentano, *op. cit.*

62. — Monseigneur Delassus, *op. cit.*, p. 20, note 1.

63. — Ernest Renan, *Réponse au discours de réception de l'Académie Française de Jules Claretie.*

> « C'est Dieu en effet, dans ses desseins sur la France, qui a permis que dans cette grande lignée capétienne, ou l'on ne compte pas pendant plus de trois siècles un seul prince adultérin, l'héritier direct ne manquât jamais au trône, en sorte que l'on a vu sans interruption, depuis Hugues Capet jusqu'à Philippe le Long, le Fils Aîné du Roi défunt succéder régulièrement à son Père [64]. »

Et pour bien marquer sa prédilection pour la Race Royale de France et la volonté divine que la Royauté se perpétue, la Reine du Ciel a accordé la naissance de dix Rois ou Princes à la France [64bis]. Preuve nouvelle, ajoutée à tant d'autres que la Royauté est bien le seul régime voulu par Dieu pour notre Pays.

LA FONCTION ROYALE EN FRANCE
EST UNE SORTE DE SACERDOCE.

Joseph Bédier constate que, durant tout le Moyen-Age, le Roi de France a toujours été le *Roi-Prêtre*, et, dans ses « *Antiquitéz* », André du Chesne écrit :

> « Certes les Rois de France n'ont jamais ésté tenus purs laïcs, mais ornez du Sacerdoce et de la Royauté tout ensemble. Pour monstrer qu'ils participent de la Prêstrise, ils sont précisément oingts comme les prêstres (il faudrait dire : comme les évêques) et ils usent encore de la dalmatique sous le manteau royal afin de tésmoigner du rang qu'ils tiennent en l'Église [65]. »

Cela est une des raisons pour lesquelles les femmes sont écartées du Trône de France (Voir l'*Appendice III*), car, écrit Funck-Brentano :

---

64. — Monseigneur Delassus, *op. cit.*, p. 26, note 1.

64bis — Voir notre étude : « *La Vierge Marie dans l'Histoire de France* ». Appendice IV, page 159.

65. — André du Chesne, « *Les Antiquitéz et Recherches de la Grandeur et Majesté des Rois de France* », p. 419 – à Paris, publié en 1609.

> « Le Roi est en France le chef de l'Église. Hugues Capet se donne comme tel quand, le 3 juillet 987, à Noyon, il est proclamé Roi. Durant son règne, il ne cessera d'agir en chef de son clergé.

> « Robert le Pieux est un homme d'Église, chantant au lutrin, présidant des conciles, discutant personnellement contre les hérétiques, entouré de prélats et d'abbés.

> « Son arrière petit-fils, Louis le Gros, l'un des plus grands princes et des plus vaillants soldats dont l'histoire ait gardé le souvenir, chevauche lance au poing, entouré de clercs et de moines. Il mourra le 1ᵉʳ août 1137, âgé de cinquante six ans, vêtu d'habits religieux...

> « Philippe-Auguste fait figure de pontife au début de la bataille de Bouvines où il se montrera grand capitaine en collaboration d'un moine, Frère Gérin. Le discours qu'il adresse à ses hommes d'armes est un sermon. Il les bénit comme Charlemagne en la *« Chanson de Roland. »*

> « Saint Louis déclare la fonction royale *« un sacerdoce* [66]. »

Et c'est précisément parce qu'il la considère comme un sacerdoce que, par devoir, il prescrit :

> « Nous voulons que soit étroitement gardée et retenue à nous la *plénitude* de la puissance royale car un sacerdoce crée des devoirs personnels qui ne se partagent pas [67].

Funck-Brentano poursuit :

> « Au XVᵉ siècle, on continue de considérer le Roi comme la première personne ecclésiastique du Royaume. *« Le Roi est un prélat »* dit Juvénal des Ursins, en s'adressant à Charles VII. Au XVIᵉ siècle, La Roche-Flavin écrit à son tour : *« Le Roi est l'Évêque commun de France* [68]. »

Le duc de Lorraine ayant obtenu de l'évêque de Verdun une menace d'excommunication contre les ouvriers qui renforçaient la place de Verdun, « en vertu de son autorité ecclésiastique, Louis XIII annula les sentences d'interdit prononcées par le prélat, et chacun de s'incliner [68]. »

---

66. — Funck-Brentano, *« Ce qu'était un Roi de France »*, pp. 89 et 90.
67. — Ordonnance Royale de 1254, article 319.
68. — Funck-Brentano, *op. cit.*, pp. 89 et 90.

L'ESPRIT FAMILIAL DES ROIS DE FRANCE
DANS L'ORDRE INTERNATIONAL.

L'esprit familial des Rois de France leur permit de promouvoir dans le monde les lois qui doivent régir le Droit International, qu'ils ne concevaient que toujours soumis aux lois et à l'ordre divins et qu'ils firent présider à la formation de l'unité territoriale de la France.

> « Le principe de la Monarchie française était que rien de ce qui avait fait partie à l'origine ou avait été comme on disait du domaine de la couronne ne pouvait être aliéné. Lorsque par droit (l'héritage féodal, partage successoral ou constitution d'apanage, une province est distraite du domaine royal, elle ne cesse point pour cela de faire partie intégrante de la monarchie et, quelque jour à venir, elle fera retour au domaine inaliénable de la couronne. Or, les juristes et les conseillers de nos rois soutiennent sans admettre la discussion, que le fondateur de la Monarchie Française, le Franc Clovis, régna sur toute la Gaule et que toutes les terres qui avaient fait partie du *Regnum Francorum* de Clovis doivent en droit faire retour à la couronne [69]. »

Or, Clovis régnait sur un territoire limité par le Rhin, le Jura, les Alpes et les Pyrénées. Il s'en suit donc qu'après les grands partages du Traité de Verdun entre les petits-fils de Charlemagne, nos Rois ne cesseront jamais de tendre à se rapprocher de la frontière naturelle et à reprendre province à province la « Terre des Pères », et c'est par le principe familial qu'ils y parviendront. Quelques exemples :

Dans ses Instructions au baron de Boisnebourg, le ministre de Lionne, le 7 juin 1659, remarque que la France n'a jamais « rien retenu au seul titre de conquêtes et si elle a eu parfois quelques avantages, ça a été à des choses qui se trouvaient d'ailleurs appartenir

---

69.   — E. Babelon, « *Le Rhin dans l'Histoire.* »

à nos Rois par succession, confiscation, échange ou même achat. » C'est qu'en effet, le Roi, en bon Père de Famille, ne veut arrondir son domaine que par des moyens honnêtes. Celles que donne le Cardinal de Richelieu sont admirables et méritent d'être citées. Il veut une « paix sûre, juste et raisonnable. On veut traiter de bonne foi et sans prétendre nuire avantage que ce que la raison doit accorder à un chacun » écrit-il à son agent en Espagne, Pujol, le 8 novembre 1637. Le Cardinal s'inspire des Mémoires que les juristes de la Couronne, les Godefroy, les Dupuy, les Lebrait, les Delorme, les Cassan [70] et autres ont établis, mais il considère comme un devoir strict de les faire contrôler par des docteurs en théologie pour avoir la certitude qu'ils sont vrais « *au point de vue de la conscience* ». Pour prendre un territoire, comme un particulier pour revendiquer un bien, le Prince doit invoquer des titres légitimes. Aussi, réprouve-t-il toute conquête qu'il considère comme un acte injuste de violence et il se refuse à conseiller au Roi des procédés que la conscience, l'honneur du Roi, la dignité et l'intérêt bien compris de l'État interdisent.

Tels furent les principes que les Rois de France s'efforcèrent toujours de faire triompher dans les relations internationales, parce que la justice, seule respectant l'ordre voulu par Dieu, peut seule assurer la paix, l'apaisement des passions et la prospérité générale.

70. — Voir : Jacques de Cassan, « *La recherche des droits du Roi et de la Couronne de France sur les Royaumes, Duchez, comtez, villes et pays occupez par les Princes estrangers…* » à Paris 1634, dédié au cardinal de Richelieu, avec privilège royal. Voir également « *Revue Historique* », Nov.-déc. 1921 – Louis Batiffol, « *Richelieu et l'Alsace* ».

L'ESPRIT FAMILIAL DES ROIS DE FRANCE
À L'INTÉRIEUR DU ROYAUME.

C'est l'esprit familial qui présidait aux rapports du Roi et de ses sujets à l'intérieur du Royaume. Le gouvernement royal avait conservé le caractère essentiellement familial. L'autorité du Roi était à peu près celle du Père de Famille : il était la source de toute justice : « *Summum justitiae caput* » écrit Fulbert de Chartres au XIe siècle.

Il traitait ses sujets avec une entière familiarité, se promenant à pied sans escorte dans les rues de Paris, comme le Père au milieu de ses enfants. Il en était de même dans les jardins royaux où tout le monde avait accès librement, le Roi et sa Famille se promenant au milieu du peuple aux Tuileries comme à Versailles. Louis XIV écrit :

> « S'il est un caractère singulier en cette monarchie, c'est l'accès libre et facile des sujets au prince », et il ajoute, dans ses « *Instructions pour le Dauphin* » : Je donnai à tous mes sujets sans distinction la liberté de s'adresser à moi, à toute heure, de vive voix et par placets. »

Jusqu'au 25 août 1715, il s'imposa comme un devoir de dîner en public or il mourut le 1er septembre suivant ...

Faut-il ajouter que la Reine devait accoucher en présence de tous ceux qui s'étaient introduits dans la chambre royale ...

Un étranger, le Bolonais Locatelli, en 1665, reconnaît qu'on entrait dans le palais du Roi comme dans un moulin :

> « Je m'y promenai en toute liberté et, traversant les divers corps de garde, je parvins enfin à cette porte qui est ouverte dès qu'on y touche et le plus souvent par le Roi lui-même. Il suffit d'y gratter et l'on vous introduit aussitôt. Le Roi veut que tous ses sujets entrent librement. »

Le Roi n'est-il pas le père de tous ses sujets, et tous les enfants ne peuvent-ils pas voir leur père et lui parler ?

Déjà, Montaigne avait écrit un siècle auparavant :

« De vrai, à voir notre Roi à table, assiégé de tant de parleurs et regardants inconnus, j'en ai souvent plus de pitié que d'envie. »

Rappelons cette scène qui montre la familiarité bienveillante et toute paternelle du Dauphin, Fils de Louis XV avec ses troupes. Un jour, sans être attendue, la Dauphine vient au camp du Royal-Dauphin ; le Prince, assis sur une botte de paille bavardait avec ses soldats ; apercevant la Princesse, il lui prend le bras et dit aux soldats :

« *Approchez, mes enfants, voilà ma femme* [71]. »

« Nommer le Roi Père du Peuple, *dit La Bruyère,* c'est moins faire son éloge que sa définition. »

LES ROIS DE FRANCE SE CONSIDÉRAIENT COMME LES HOMMES DE DIEU COMME SES FÉAUX SERVITEURS ET COMME LES PÈRES DE LEUR PEUPLE.

Le juriste Jean Domat écrit :

« Car, comme c'est Dieu qui est le seul dominateur naturel des hommes, leur juge, leur législateur, leur roi, il ne peut y avoir d'autorité légitime d'un homme sur d'autres qu'il ne la tienne de la main de Dieu. Ainsi la puissance des souverains est une participation de celle de Dieu. Comme la puissance des princes leur vient donc de Dieu, il est évident qu'ils doivent faire de cette puissance un usage proportionné aux fins que cette Providence et cette conduite divine veulent qu'ils se proposent [72] ... »

C'est pourquoi Bossuet peut écrire très réellement et très justement :

« Les rois doivent donc trembler en se servant de la puissance que Dieu leur a donnée ... » *et il ajoute :* « La crainte de Dieu est le vrai contre-poids de la puissance » *car* « La loi religieuse est le

---

71.   — *Écrits de Paris,* Janvier 1974, « *Le 20 décembre 1765* » par M. D.

72.   — Jean Domat, « *Droit public* », Liv. I tit. 2. tome II, p. 7, 1735

droit commun de la Royauté » *et encore :* « Le prince doit faire de la Loi de Dieu la Loi fondamentale de son royaume [73]. »

Saint Thomas d'Aquin précise :

> « Il est du devoir du prince de procurer au peuple qu'il gouverne un genre de vie qui soit capable de le conduire à la vie éternelle [74]. »

Dans son « *Histoire du Droit Français* », Fr. Olivier-Martin reconnaît que la religion même constituait un modérateur au pouvoir du Roi [75].

Monseigneur Delassus, à son tour :

> « *C'est cet élément théocratique et religieux que les Français trouvèrent dans leur gouvernement qui avait fait rame française si chrétienne.* »

Joseph de Maistre :

> « *Le Français a besoin de la religion plus que tout autre homme ; s'il en manque, il n'est pas seulement affaibli, il est mutilé.* »

Et Léon Daudet, dans « *Le Chemin de Damas* » :

> « *La cause de la Religion et celle de la Race paraissent comme inséparables.* »

Et Monseigneur Delassus conclue :

> « Ce tempérament était le produit de l'union, treize fois séculaire, du trône et de l'autel ; union enseignée et voulue par l'Église comme faisant partie de sa doctrine. La cinquante-cinquième des propositions condamnées par le *Syllabus* de Pie IX est celle-ci : « *L'Église doit être séparée de l'État et l'État de l'Église.*
>
> « Les Rois de France se conduisirent vraiment comme « les ministres de Dieu pour maintenir les hommes en justice et en paix ». Et c'est pourquoi « *l'harmonie, l'étroite concorde, l'entente amicale* », régnaient généralement parlant, entre eux et les Souverains Pontifes.. Ils avaient d'eux-mêmes et les peuples avaient d'eux cette idée qu'ils remplissaient une fonction dont Dieu même les avait investis [76]. »

---

73.   — Bossuet, « *Œuvres complètes* », tome X, « *Politique tirée de l'Écriture Sainte* » et « *5ᵉ Avertissement aux Protestants* », pp. 355, 385 et 406, éd. 1837.

74.   — Saint Thomas d'Aquin, « *De regimine Principum* », t. I, cap. 15.

75.   — Fr. Olivier-Martin, « *Histoire du Droit Français* », p. 330, éd. 1951.

76.   — Mgr Delassus, *op. cit.*, pp. 132-140, 304 à 306.

Léon XIII, dans l'Encyclique « *Immortale Dei* » :

> « Il est nécessaire qu'il y ait entre les deux Puissances un système de rapports bien ordonnés, non sans analogie avec celui qui dans l'homme constitue l'union de l'âme et du corps. »

Et dans l'Encyclique « *Praeclara gratulationis* » :

> « La volonté divine demande, comme d'ailleurs le bien général des sociétés, que le pouvoir civil s'harmonise avec le pouvoir ecclésiastique. Ainsi, à l'État ses droits et ses devoirs propres ; à l'Église, les siens ; mais entre l'un et l'autre, les liens d'une étroite concorde. »

Et il revient encore sur la question dans l'Encyclique « *Arcanum divinæ sapientiæ.* »

L'Histoire est là qui confirme que les Rois de France ont bien réalisé ce programme. Le florilège suivant de leurs écrits en fait foi : chrétiens fervents, ils agissaient comme tels.

> *Clovis :* (au récit de la Passion du Christ) « Que n'étais-je là avec mes Francs » et, dans le Prologue de la Loi Salique : « Vive le Christ qui aime les Francs, qu'Il garde leur Royaume et remplisse leurs chefs des lumières de sa grâce … »

> *Charlemagne :* prescrit que « *Toute Loi de l'Église deviendra Loi de l'Empire* ». Les deux tiers de ses Capitulaires sont consacrés aux besoins religieux et moraux de l'humanité [76].

L'Archevêque de Reims, Adalbéron. disait à l'Assemblée des pairs, parlant d'Hugues Capet :

> « Vous aurez en lui *un Père.* »

Monseigneur Delassus, ajoute :

> Le Roi « était le chef de la grande famille française à laquelle il commandait comme à sa maison. Il s'imposait le devoir de veiller personnellement la justice à tous ceux qui venaient la réclamer près d'eux. »

Hugues Capet disait :

> « Nous n'avons de raison d'être que si nous rendons justice à tous et par tous les moyens. »

Eudes de Blois disait au Roi Robert :

« La justice est la racine et le fruit de ton office. »

La dernière recommandation de Louis le Gros, mourant, à son fils :

« Garde à chacun son droit.

Et Philippe-Auguste, dans les mêmes circonstances, au futur Louis VIII avait dit de même.

Guibert de Nogent, à la fin du XIᵉ siècle :

« Chez les Rois de France, on trouve toujours une naturelle simplicité ; ils sont parmi leurs sujets comme l'un d'eux. »

Robert le Pieux : « Nous sommes ministres de Dieu et ses serviteurs. »
Et encore : « Il faut nous appliquer à obéir de toutes manières à la volonté de Celui par qui nous sommes les premiers [77]. »

Louis VI le Gros : « Le Roi est le vicaire de Dieu dont il porte la vivante image en lui-même [78] » et, mourant, à son fils : « Garde à chacun son droit ».

Saint Louis IX : « On ne doit pas Dieu de ses dons guerroyer. »
« Je vous dis le ban de Notre Seigneur Jésus-Christ et de son sergent, Louis, Roi de France. »

À son frère, Charles d'Anjou, le Roi dira fermement :

« Il ne doit y avoir qu'un Roi de France, et ne croyez pas, parce que vous êtes mon frère, que je vous épargnerai contre droite justice. »

Les évêques abusant de leur pouvoir, notamment dans la saisie des biens des excommuniés, il n'hésita pas à prendre une Ordonnance pour les faire rentrer dans la justice et même à saisir les biens indûment saisis par eux.

À son fils, Philippe III :

« Que Dieu te donne grâce de faire sa volonté toujours [79].

---

77.   — Dom Bouquet, « *Recueil des historiens des Gaules et de la France* », t. X, p. 612.
78.   — Albert Lecoy de La Marche, XVIII, p. 72.
79.   — Gabriel Boissy, « *Pensées choisies des Rois de France* », pp. 140 à 142

Saint Louis : « Cher fils, s'il avient que tu viennes à régner pourvois que tu aies ce que à Roi appartient, c'est à dire que tu sois juste tu ne déclines ni ne devies de justice pour nulle chose qui puisse avenir. S'il avient qu'aucune querelle, qui soit mue entre riche et pauvre, vienne devant toi, soutiens plus le pauvre que le riche et, quand tu entendras la vérité, leur fais droit [79]. »

Le testament du pieux et saint Roi serait à rappeler.

Philippe IV le Bel : « Nous qui voulons toujours raison garder. »

Charles V : (s'adressant à Dieu, sur son lit de mort) « Vous m'avez constitué votre vicaire au gouvernement de la France. ».

Charles VI : dans une lettre à Richard II, Roi d'Angleterre : « Pensons donc, beau-frère, coadjuteur de Dieu, de nous tenir fermes en la vocation où Dieu nous a appelés ... C'est assavoir la douce paix tant désirée de la Chrétienté. »

Henri III : Le 19 juillet 1588, il signe à Rouen avec la Ligue l'« Édit d'Union » : « Ordonnons et voulons que tous nos sujets jurent et promettent dès à présent et pour jamais ... de ne recevoir à être roi, prêter obéissance un prince quelconque qui soit hérétique ou fauteur d'hérésie ... *Voulons et statuons et ordonnons que ces articles soient tenus pour loi inviolable et fondamentale de notre royaume* [80]. » Il réunit ensuite les États Généraux à Blois le 16 octobre suivant et, avec l'accord des Princes du Sang, des Cardinaux, membres des Conseils et avec l'accord des Trois Ordres —et donc de toute la nation — fait confirmer l'Acte d'Union et proclamer que l'Édit de juillet 1588 « *soit et demeure à jamais loi fondamentale irrévocable de ce royaume* [81]. »

Henri IV : « *Dieu m'a fait naître pour ce Royaume et non pour moi (1599).* » « *Persévérant en la crainte de Dieu, je n'ai crainte de rien.* » — « J'ai toujours eu en mes affaires plus de fiance (confiance) en Dieu qu'en la force et industrie des hommes (ce) dont je me suis très bien trouvé. »

---

80.   — Isambart, « *Anciennes lois françaises* », t. XIV, pp. 618 à 620.
81.   — Bernard Basse, *op. cit.*

— « *Dieu ne m'a donné mes sujets que pour les conserver comme mes propres enfants.* » (Le 6 février 1604)

— « Mes paroles ne sont point de deux couleurs : *ce que j'ai à la bouche, je l'ai au cœur.* » (Mai 1595)

Louis XIII : « Ma confiance est toute en Dieu qui m'a si visiblement assisté jusqu'à présent, que je crois ne devoir rien craindre que Lui. » (20 avril 1622, à sa mère.)

En 1629, par Lettres Patentes, il fonde Notre-Dame des Victoires : « Les Roys nos prédécesseurs ont tellement chéry la piété et, avec des soins particuliers, *recherché l'augmentation de l'Église catholique, apostolique et romaine,* que les fréquents témoignages qu'ils ont rendu de leur insigne dévotion leur ont acquis le titre et l'éminente qualité de *fils aîné d'icelle.*

« *Qualité qui nous est en telle recommandation que nous nous proposons de faire toujours des actions qui en soient dignes moyennant la grâce et assistance divine,* que nous implorons et implorerons toute notre vie, pour n'en point faire qui semblent y contrarier.

« Pour marque à jamais de la piété que Nous avons à la Glorieuse Vierge Marie … Nous avons voulu être fondateur de leur Église … *laquelle nous avons dédiée Nostre-Dame des Victoires, en actions de grâces de tant de glorieuses victoires que le Ciel nous a favorablement départies par l'entremise de la Vierge …*

Louis XIII a également consacré le Royaume à la Sainte Vierge, le 10 février 1638, Acte qu'il termine par la pensée directrice qui a toujours animé la Royauté Française :

« *Que Dieu y soit servi et révéré si saintement (dans le Royaume) que Nous et nos sujets puissions arriver heureusement à la dernière fin pour laquelle nous avons été créés (le Ciel) ; car tel est notre plaisir* [82]. »

Louis XIV : « Le Sacre, encore qu'il ne nous donne pas la Royauté, la déclare au peuple et la rend en nous plus auguste, plus inviolable et plus sainte … »

---

82.   — Voir le texte complet de l'*Acte de Consécration à la Sainte Vierge* à l'Appendice VI.

« *Notre État nous doit être plus précieux que notre famille* qui n'en fait qu'une légère partie. Et *le titre de peuples nous doit être beaucoup plus cher que celui de père de nos enfants* ...

« Comme *je tiens lieu de père à mes sujets*, je dois préférablement à toute autre considération songer à leur conservation [83]. »

Dans ses « *Instructions au Dauphin* », il écrit :

« *Nous devons considérer le bien de nos sujets bien plus que le nôtre propre*. Il semble qu'ils fassent partie de nous-mêmes puisque nous sommes la tête d'un corps dont ils sont les membres ... Il est beau de mériter le nom de père avec celui de maître. »

Louis XV : À son fils : « Il est bon que vous entriez de bonne heure dans ces sentiments et que vous vous accoutumiez à vous regarder comme le père plutôt que comme le maître des peuples qui doivent être un jour vos sujets. » (6 mai 1744)

Après la victoire de Fontenoy, toujours à son fils :

« *Voyez tout le sang que caille un triomphe ! Le sang de nos ennemis est toujours le sang des hommes ; la vraie gloire, c'est de l'épargner.* »

En réponse au Parlement, le 9 décembre 1766 :

« Je ne souffrirai ni la révolte qui méconnaîtrait les lois de l'Église, ni le zèle qui voudrait en abuser [84]. »

Faut-il rappeler qu'un savant ayant proposé au Roi une découverte susceptible d'opérer des destructions effroyables et des morts innombrables chez l'ennemi. Louis XV, par esprit chrétien et humanité refusa et prit les dispositions nécessaires pour qu'elle ne fut pas utilisable.

Comment ne pas citer, comme le fait Monseigneur Delassus, cette émouvante confidence du Roi à son ministre Choiseul, qui dénote l'amour traditionnel de nos rois pour leur peuple :

« Dieu me fera miséricorde, car je crois fermement que les mérites de saint Louis s'étendent à ses descendants et que nul Roi de

---

83.   — À son ambassadeur en Espagne, le 24 juin 1709.

84.   — La plupart de ces citations sont extraites des « *Pensées choisies des Rois de France* » recueillies et annotées par Gabriel Boissy.

sa race ne peut être damné, *pourvu qu'il ne se permette ni injustice envers ses sujets, ni dureté envers les petites gens* [85]. »

Louis XVI : « *La justice des rois doit ressembler à celle de Dieu même, qui est sans passion, sans partialité, sans excès.* »

« Un bon roi, un grand roi ne doit avoir d'autre objet que de rendre son peuple heureux et vertueux… »

« Je prends la résolution ferme et sincère d'être hautement, publiquement, généreusement fidèle à Celui qui lient en sa main les rois et les royaumes. *Je ne puis être grand que par Lui*, parce qu'en Lui seul est la grandeur, la gloire, la majesté et la force et que *je suis destiné à être un jour sa vive image sur la terre…* »

« *Être juste, c'est posséder toutes les vertus puisque c'est remplir également ce que l'on doit à la Divinité, à soi-même et aux autres hommes* [86]… »

« La raison suffit seule pour nous convaincre que *les souverains furent donnés aux peuples et non les peuples aux souverains. L'autorité suprême n'est que le droit de gouverner ; et gouverner ce n'est pas jouir ; c'est faire jouir les autres…*

« *Les rois doivent plus à leurs peuples que les peuples ne doivent à leurs rois : ceux-ci doivent les moyens, mais le monarque doit la fin.* »

« Tout ce que le père doit à ses enfants, le frère à ses frères, l'ami à son ami, le prince le doit à ses sujets… »

« La liberté d'un souverain n'est pas différente de celles de ses peuples : il ne lui est pas permis de vouloir tout ce qu'il peut ; *il est obligé comme eux à ne vouloir que ce qu'il doit* [87]. »

Ce florilège montre l'idée que les Rois de France se faisaient de leurs devoirs envers Dieu et envers leur peuple et de l'amour qu'ils leurs portaient.

---

85. — Monseigneur Delassus, « *Mission posthume de la Bienheureuse Jeanne d'Arc et le Règne social de Notre Seigneur Jésus-Christ* », pp. 142, 143.

86. — Louis XVI, « *Mes entretiens avec M. de la Vauguyou* », alors qu'il était Dauphin, pp. 9, 18, 19, 36.

87. — Louis XVI, *ibid.*, pp. 43, 44, 96 etc.

Joseph de Maistre écrit :

« L'homme ne sait point admirer ce qu'il voit tous les jours. Au lieu de célébrer *notre Monarchie qui est un miracle*, nous l'appelons despotisme.

Et, après avoir cité le grand philosophe, Monseigneur Delassus poursuit :

« Despotisme ! c'est la flétrissure que la Révolution a voulu imprimer sur la face de nos Rois … Le despotisme a régné partout où n'a point triomphé l'esprit du Roi Jésus-Christ : « Vous m'appelez Maître et Seigneur et vous faites bien car Je le suis ; si donc Je vous ai lavé les pieds, Moi Seigneur et Maître, vous devez aussi laver les pieds les uns les autres. Car Je vous ai donné l'exemple afin que ce que J'ai fait à votre égard vous le fassiez vous-mêmes. *C'est ainsi que le Fils de l'Homme est venu non pour être servi, mais pour servir.* » Que cette parole soit devenue l'idée directrice de la Monarchie chrétienne et tout spécialement de la Monarchie Française, c'est *le grand miracle de l'histoire de l'humanité* [88]. »

Et le prélat théologien cite cet aveu que, dans un élan de franchise, un socialiste reconnaissait :

« Citoyens, on vous a raconté que nos rois étaient des monstres. Regardez *leur œuvre : c'est la France* [89] ! »

---

88.   — Mgr Delassus, « *La Mission posthume de Jeanne d'Arc et le Royauté sociale de Notre Seigneur Jésus-Christ* », pp. 149 et 147.

89.   — On pourrait citer aussi M. Sanguinetti qui, à Toulouse, reconnaissait : « Toute l'histoire de la Monarchie Française, ça été la lutte du roi et du peuple contre les féodaux. » dans « *Écrits de Paris* », janvier 1974 : « *La vie laborieuse du Comte de Chambord* » par Pierre Bécat.

LA GRANDE PEUR
ET LES OTAGES DU ROI ET DE LA REINE LORS DE LA RÉVOLUTION.

Lors de la Révolution, il est deux faits qui illustrent — avec quelle poignante émotion ! — l'amour des Français demeuré intensément vivace pour leur Roi.

Funck-Brentano écrit :

> « Issu du Père de famille, le Roi était demeuré dans l'âme populaire, instinctivement et sans qu'elle s'en rendit compte, le Père auprès duquel on cherche soutien et abri. Vers lui, à travers les siècles s'étaient portés les regards dans les moments de détresse ou de besoin. Et voici que brusquement, par le violent contrecoup de la prise de la Bastille, cette grande autorité patronale est renversée. Et c'est parmi le peuple de France un malaise un effroi vague irréfléchi. Oh ! les rumeurs sinistres ! Les brigands ! … et le Père n'est plus là !
>
> « La « grande peur » est la dernière page de l'histoire de la royauté en France. Il n'en est pas de plus touchante, de plus glorieuse pour elle ; il n'en est pas où apparaisse mieux le caractère des relations qui traditionnellement, naturellement, s'étaient établies entre le Roi et le Pays [90]. »

L'idée paternelle que le peuple se faisait du Roi avant la Révolution serait incomplètement décrite si la sublime page de dévouement des « *Otages de Louis XVI* » n'était pas rappelée [91]. Quand le Pays sentit planer la menace de mort sur le Roi, Farmain de Rozoi lança un admirable appel, demandant que les vrais français s'offrissent en otage à la place du Roi. L'appel fut entendu : de tous les points du Pays et de toutes les classes de la nation parvinrent des adhésions enthousiastes et d'autant plus méritoires que chacun de ceux qui répondaient se désignait aux représailles

---

90.   — Funck-Brentano, « *L'Ancienne France : Le Roi* », p. 397.
91.   — Abbé Auguste Delassus, « *Louis XVI et sa béatification* », p. 90, Ed. Pilon :
    • « *Les otages de Louis XVI* » dans *Action Française* du 17 Janvier 1935.
    • « *Revue du Souvenir Vendéen* » Noël 1971, p. 4, avec photocopie du document original.

des révolutionnaires. Le plus souvent, les hommes se proposèrent comme otages du Roi ; les femmes, de la Reine. Entre tant d'autres : Nous citerons seulement trois de ces réponses particulièrement touchantes.

Le 26 août 1791, la jeune sœur du plus pur héros de la Vendée, Anne-Louise de la Rochejacquelain écrit :

> « Monsieur, Pénétrée d'une juste et véritable admiration pour mon Roi et mon auguste Reine, je cède au premier mouvement de mon cœur en vous priant de vouloir bien me placer au rang des heureuses victimes qui s'offrent en otage pour notre bon Monarque, et trop heureuse si, en perdant ma liberté et même la vie, je pouvais contribuer à la rendre à la Famille Royale … »

Après sa signature, elle ajoute : « âgée de dix sept ans. »

Et ces deux autres, d'autant plus touchantes qu'elle émanent des plus pauvres du peuple :

> « Je suis pauvre, *écrit un paysan de Vaas, près Château du Loir,* si l'on ne me juge pas indigne d'un tel honneur, j'irai prendre mes fers (à la place du Roi) ; et si je n'ai point assez d'argent, je vendrai mes boucles, ma montre pour subvenir aux frais du voyage …

> « Je ne suis point aristocrate, *écrit une simple fille de la campagne,* mais je suis jeune et sensible et les malheurs de Louis (XVI) déchirent mon cœur. S'il est condamné, s'il doit périr, je m'offre comme victime à sa place. Sauvez-lui la vie et laissez-moi monter à l'échafaud. (signé) Julie. »

Le voilà le vrai cœur de la France. De telles offres de sacrifice obligent à reconnaître que jamais aucune Race Royale n'a été aussi passionnément aimée par son peuple comme la Maison de France, aucune n'a suscité de tels dévouements. C'est qu'aucune n'a été aussi digne et mérité de l'être comme Elle.

Oui, vraiment avec Tocqueville, on peut dire très justement :

> « La nation avait pour le Roi tout à la fois la tendresse qu'on a pour un Père et le respect qu'on ne doit qu'à Dieu ! »

Michelet, lui-même, le reconnaît :

« Des entrailles de la France sort un cri tendre, d'accent profond :
« Mon Roi ! »

CHARLES VI (1369 - 1422)

Charles VI dit le Bien Aimé puis Charles le Fol est le fils de Charles V.

À la mort de son père, il est sous la tutelle de ses quatre oncles, qui usent et abusent des ressources du royaume. Charles VI les chasse. Il s'entoure aussitôt des conseillers de son père, appelés les Marmousets : Jean de Montagu (secrétaire du roi Charles V), Olivier V de Clisson (conseiller de Charles V), Bureau de la Rivière (premier chambellan de Charles V), Jean Le Mercier et Pierre le Bègue de Villaines (général des armées en France et en Espagne). La compétence de ce groupe de conseillers unis permet d'améliorer significativement la situation économique du pays, d'où le premier surnom du roi : Charles le Bien-Aimé.

Bibliothèque Nationale de France

69

Le Pacte de Tolbiac

L'histoire raconte qu'avant la bataille, Clotilde fit demander à Clovis de remplacer les crapauds qui ornaient son bouclier par les trois fleurs de lys, symbole de la maison de David.

La bataille de Tolbiac tournant à la défaite, Clovis se tourna vers le ciel et promit de se convertir au Christ, si le « Dieu de Clotilde lui donnait la victoire. »

Après avoir été instruit dans la foi chrétienne par Saint Rémi, archevêque de Reims, il décida de se faire baptiser avec 3000 de ses guerriers dans la nuit de Noël 496.

Une révolution complète s'opéra dans l'âme de Clovis ; ses progrès dans la vie chrétienne et dans la voie de la vertu sont attestés par les plus respectables témoignages.

Voir : Hincmar, archevêque de Reims, « *Vie de Saint Rémi* », chap. XXXVII.
Grégoire de Tours, « Histoire Franc », livre II, chap. XXI – *Lettre* du
pape Anastase – « *Le pacte de Reims* » de Claire Martigues.

La Bataille de Tolbiac
Paul-Joseph Blanc (25 janvier 1846, Paris - †5 juillet 1904, Paris
Fresque ornant le Panthéon (ancienne église Sainte-Geneviève.)

LA SAINTE AMPOULE A SERVI AU SACRE DE NOS ROIS
L'abbé de Saint-Rémi, puis le grand prieur,
apportait solennellement la Sainte Ampoule dans la
cathédrale.

Le Roi seul bénéficiait du baume prélevé par le prélat consécrateur avec une aiguille d'or : ce fragment de la taille d'un grain de blé était alors mélangé au saint chrême sur une patène et lui donnait une couleur rougeâtre.

Avec le pouce, le prélat prélevait le mélange et traçait neuf onctions en forme de croix sur le souverain, tout en prononçant les paroles rituelles : sur le haut de la tête, la poitrine, entre les deux épaules, l'épaule droite, l'épaule gauche, la jointure du bras droit puis du bras gauche ; puis, après s'être revêtu, sur les paumes des mains. Après les onctions, on raclait la patène et on mettait ce qui restait du mélange dans l'ampoule, ce qui confortait la croyance populaire en un inépuisable baume. La reine n'était sacrée qu'avec du saint chrême.

Théodoric Ier, roi à Reims de 511 à 534, a pour successeurs
Théodebert (534-548) et Théodebald (548-555).

Clodomir Ier, roi à Orléans de 511 à 524 (ses fils sont assassinés par leurs oncles).

Childebert Ier, roi à Paris de 511 à 558 (sans enfant).

Clotaire Ier, roi à Soissons de 511 à 558, puis roi de tous les Francs jusqu'en 561.

Grandes Chroniques de saint-Denis.
Toulouse, bibliothèque municipale

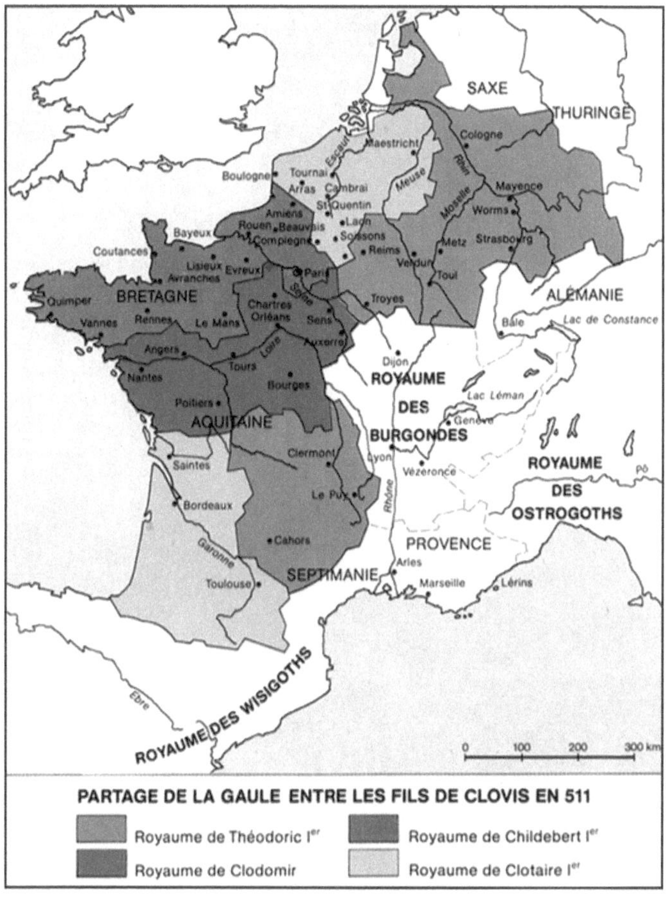

Théodoric Ier se vit attribuer les régions de l'est, bordées au nord par le royaume de Thuringe et par les Saxons, au sud par les Alamans et les Burgondes. Ce royaume occupait la rive droite et la rive gauche du Rhin. Il englobait la Champagne et avait Reims pour capitale. Des cités de grande importance : Cologne, Trèves et Metz. Dans la zone sud, il obtint l'Auvergne qu'il avait conquise pendant la guerre contre les Wisigoths et une bonne partie du Limousin avec Limoges. Les Auvergnats avaient accepté la domination des Wisigoths ; ils toléraient mal la présence des Francs.

Clodomir Ier était le fils aîné de Clovis et de Clotilde. Son lot se composait des régions de la Loire (avec Orléans et Nantes), d'une partie de la Beauce (avec Chartres), du Berry (avec Bourges), du Poitou (avec Poitiers), et de l'ouest de l'Aquitaine.

Childebert Ier fut maître de Paris, de la Picardie, de l'Île-de-France, de la Normandie et de la Bretagne. Il reçut en outre le sud de l'Aquitaine : on ne peut à la vérité déterminer avec exactitude sa part dans cette province. On lui donna probablement Bordeaux.

Clotaire Ier était le plus jeune. Il eut l'honneur d'hériter de l'ancien royaume franc, entre la Somme et le Rhin, avec Soissons pour capitale et l'antique cité de Tournai où reposait la dépouille de son grand-père Childéric. Dans la zone sud, sa part s'intercalait entre celles de ses frères, englobant le Toulousain et l'ancienne capitale wisigothe, l'Albigeois et l'Agenois.

Chapitre III

Les papes proclament le caractère
sacré et divin de la mission du roi
et du royaume de France

Les Souverains Pontifes, en de nombreuses circonstances, mit tenu à reconnaître et à proclamer, au nom de Dieu, la Mission et la Primauté du Roi de France.

Anastase II écrivait à Clovis :

> « Votre avènement à la foi … fait tressaillir le Siège de Pierre … Soyez notre couronne … *Soyez pour l'Église une colonne de fer !* Nous louons Dieu qui vous a retiré de la puissance des ténèbres pour faire d'un si grand Prince *le défenseur de l'Église …* »

Pélage II (578-590) :

> « Ce n'est pas en vain, ce n'est pas sans une admirable disposition que la Providence a placé la catholique France aux portes de l'Italie et non loin de Rome : *C'est un rempart qu'elle ménageait à toutes deux …* »

Étienne II (752-757) :

> « Aux hommes très excellents Pépin, Caries et Carloman, aux évêques, abbés, ducs, comtes, toutes les armées et à tous les peuples des Francs, Moi, Pierre, ordonné de Dieu pour éclairer le monde, *je vous ai choisis pour mes fils adoptifs, afin de défendre contre leurs ennemis la cité de Rome, le peuple que Dieu m'a confié et le lieu où Je repose selon la chair. Je vous appelle donc à délivrer l'Église de Dieu* qui me fut recommandée d'En-Haut ; et Je vous presse, parce qu'elle souffre de grandes afflictions et des oppressions

extrêmes … Je vous prie et vous conjure, comme si j'étais devant vous ; car *selon la promesse reçue de Notre Seigneur et Rédempteur, Je distingue le peuple des Francs entre toutes les nations* … Prêtez aux Romains, prêtez à vos frères tout l'appui de vos forces, afin que Moi, *vous couvrant de mon patronage en ce monde et en l'autre,* Je vous dresse des tentes dans le Royaume de Dieu [92]. »

Saint Paul Ier (757-767) appelle la France « *Nation sainte, sacerdoce royal.* »

Adrien Ier (771-795) écrit à Charlemagne :

« Empereur Très Chrétien de Dieu, par qui Dieu a daigné tout donner à Son Église. »

Saint Grégoire VII, le Grand, (1075-1085) affirme que les Rois de France « *sont autant au-dessus des autres monarques que les souverains sont au-dessus des particuliers.* »

Alexandre III (1159-1181) :

« *La France est un royaume béni de Dieu, dont l'exaltation est inséparable de celle du Saint-Siège.* »

Innocent III (1198-1216) :

« *Les triomphes de la France sont les triomphes du Siège Apostolique.* »
La France « *Le mur inexpugnable de la Chrétienté.* »

Grégoire IX (1227-1241) écrit à Saint Louis :

« *Dieu … choisit la France, de préférence à toutes les autres nations de la terre, pour la protection de la foi catholique… pour ce motif, la France est le royaume de Dieu même, les ennemis de la France sont les ennemis du Christ… La Tribu de Juda était la figure anticipée du Royaume de France…* (et, après avoir passé en revue les actes de la France pour défendre l'Église, il conclut :) Aussi Nous est-il manifeste que *le Rédempteur a choisi le Béni Royaume de France comme l'exécuteur spécial de ses divines volontés … »*

Innocent IV (1243-1254) décide :

« Quiconque prie pour le Roi de France gagne dix jours d'indulgence. » Ce qui est inscrit sur les piliers de l'Église

---

92.   — Monseigneur Delassus, *op. cit.,* pp. 123-124.
Frédéric Ozanam, « *Études Germaniques* », tome II, p. 250.

Saint-Louis des Français à Rome et que mentionne saint Thomas d'Aquin dans sa « *Somme Théologique.* »

Etc. …

Depuis la Révolution et malgré les régimes indifférents ou persécuteurs, les Papes ont tenu à affirmer plus que jamais la maintenance de cette vocation et de ce privilège divin.

Pie VI, dans son Allocution Consistoriale du 11 juin 1793 sur le martyre de Louis XVI, véritable préface au *Syllabus* de Pie IX, fait le panégyrique du Roi et condamne la Révolution « cette vaste conjuration contre les rois et contre les empires » et contre l'Église, et il proclame « *La Monarchie le meilleur des Gouvernements.* »

Pie IX, le 13 avril 1872 :

> « Je bénis ce pays peuplé de tant d'âmes généreuses, ce pays qui a si bien su subvenir de mille manières aux besoins de la société humaine par tant d'œuvres pies tendant toutes au bien des corps et des lunes. Cette France, je la bénis … »

Lors des désastres de 1870-1871, à un archevêque français :

> « Tout le monde vous abandonne, mais le pape, tout prisonnier qu'il est, vous demeure fidèle ! »

Le 1er novembre 1873 :

> « *La France figure, sans aucun doute, parmi les nations qui ont contribué à donner à l'Église le plus grand nombre de saints.* »

Après avoir rappelé que les plus chers Amis du Sauveur, Lazare, sainte Madeleine et sainte Marthe, avaient été les premiers pionniers de l'Évangile en France, ajoute :

> « Après ce premier germe de christianisme, il apparut en France, dans les siècles postérieurs, toute une grande légion d'âmes saintes, toutes dédiées à leur propre sanctification et à la conversion des peuples ; et, par conséquent, on peut dire avec vérité : *ex tribu Galliae duodecim mana signati.* »

Et, prévoyant les périls à venir, recevant un pèlerinage de Français le 5 mai 1874, il les met en garde contre la démocratie et souhaite que les gouvernements soient :

« Les coopérateurs de la résurrection de la France de Jésus-Christ. Je les bénis enfin dans le but — laissez-moi vous le dire —, de les voir encore occupés de la tâche difficile qui consiste *à faire disparaître*, si c'est possible, ou au moins à atténuer *une plaie horrible qui afflige la société humaine et qu'on appelle le suffrage universel. Oui, c'est là une plaie qui détruit l'ordre social et qui mériterait à juste titre d'être* appelée mensonge universel [93]. »

Mais par contre, Pie IX disait du Chef de la Maison Royale de France, Monsieur le Comte de Chambord :

« *Tout ce qu'il dit est bien dit, tout ce qu'il fait est bien fait.* »

Léon XII :

« *De tous temps, la Providence S'est plue à confier aux bras vaillants de la France la défense de l'Église.* »

Après avoir constaté à quel point il avait été trompé lors du ralliement, il déclara, parlant des républicains :

« Eh bien ! *puisqu'ils sont inconvertissables, il n'y a plus qu'à les renverser* [94] ! »

Et le 21 avril 1903, il déclarait devant six cents Français :

« *La France reviendra aux traditions de saint Louis, ou elle périra dans la honte et la ruine.* »

Saint Pie X, lors de la lecture du Décret de Béatification de Jeanne d'Arc, le 13 décembre 1908, déclare :

« Vous direz aux Français qu'ils fassent leur *trésor des testaments de saint Rémi, de Charlemagne et de saint Louis*, qui se résument dans ces mots si souvent répétés par l'héroïne d'Orléans :
« *Vive le Christ qui est Roi de France !* »

Lors de la Béatification du Curé d'Ars, le 8 janvier 1905 :

« *Dieu garde pour la France sa prédilection*, Je vous prie de vous unir à moi dans cette conviction ; *bientôt Dieu opérera des prodiges* qui nous donneront non plus seulement la confiance que *la France ne cesse point d'être la fille aisée de l'Église*, mais la joie de le constater, non seulement par des paroles mais par des actes. »

---

93. — « *Histoire de Pie IX le Grand et de son pontificat* », t. II, pp. 278 à 288.
94. — « *Le Bloc Catholique* », Juillet 1914, p. 251.

Et le 29 novembre 1911 :

> « Le peuple qui a fait alliance avec Dieu aux fonts baptismaux de
> Reims se repentira et retournera à sa première vocation … Les
> fautes ne resteront pas impunies, mais elle ne périra jamais la fille
> de tant de mérites, de tant de larmes. »

À plusieurs reprises, Saint Pie X n'a pas craint de dire sa certitude
que la Royauté serait rétablie en France :

> « Notre Ami Dom de Saint Avit, Assistant des Bénédictins de
> France à Rome, nous a plusieurs fois affirmé, à Saint-Paul-
> hors-les-Murs, que, reçu avec sa Mère par le Saint Pontife la veille
> de sa première Messe, ce dernier en le bénissant lui déclara qu'il
> ne pouvait pas concevoir qu'un Français put être républicain et
> ne fût pas royaliste.

À Camille Bellaigue, venu remplir son service de Camérier,
le Pape, relatant l'acharnement des ennemis de Charles Maurras,
déclara :

> « Ils venaient comme des chiens me presser, répétant : « *Condamnez
> le !, Très Saint Père, condamnez-le !* » Je les chassais en répondant :
> « Allez dire votre bréviaire, allez prier pour lui ! »

Et comme Bellaigue avait demandé au Souverain Pontife sa
bénédiction pour Maurras, il reçut cette magnifique réponse :

> « Notre bénédiction ! Mais toutes nos bénédictions ! Et dites lui
> qu'il est *un beau défenseur de la foi !* »

La Sainteté de Pie X, qui lui donnait la connaissance des âmes
et de l'avenir, Lui avait fait déclarer, trois ans plus tôt, à la mère du
Chef de « L'Action Française » :

> « Ne parlez pas à votre fils de ce que Je vais vous dire ; … Je bénis
> son œuvre (et après un silence) : *Elle aboutira !* »

En 1909, Emile Flourens, ancien Ministre des Affaires
Étrangères, se rallia à la Royauté à la suite de l'entretien que le
Saint Pape lui avait accordé et au cours duquel n avait notamment
déclaré :

« Croyez-moi, Je connais vos Français. Ils sont naturellement catholiques et monarchistes. Ils le redeviendront tôt ou tard [95]. »

Saint Pie X n'avait-il pas eu, au moins à deux reprises l'Apparition, dans sa radieuse beauté, de la Vierge Très Sainte et Immaculée tenant en sa main le Lys de France [96] !

---

95. — Charles Maurras, « *Le Bienheureux Pie X, Sauveur de la France* », p. 22. Voir nos deux études : « *Pie X, sauveur de l'Église et de la France* » et « *Maurras, grand défenseur des Vérités Éternelles.* »

96. — Harry Mitchell, « *Pie X, le Saint* », p. 211. L'auteur a très bien connu le Saint Pape et aussi le Cardinal Merry del Val. Il a bien voulu nous le confirmer.

Il faudrait relire et méditer la condamnation du « *Sillon* » par Saint Pie X, en date du 25 août 1910 : parlant de l'origine légitime du Pouvoir, de l'Autorité, il cite l'Encyclique « *Diuturnum Illud* » de Léon XIII qui affirmait que « le droit de commander » dérivait de Dieu « comme de son principe naturel et nécessaire » et il ajoute que le « *Sillon* » place d'abord le peuple (cette autorité) « de telle sorte qu'elle remonte d'en bas pour aller en haut, tandis que dans l'organisation de l'Église, le pouvoir descend d'En Haut pour aller en bas. Au reste, si le peuple demeure le détenteur du Pouvoir, que devient l'autorité ? Une ombre, un mythe ; il n'y a plus de loi, proprement dite, il n'y a plus d'obéissance … » Et le Saint Pape poursuit :

« Nous ne pouvons, malgré notre longanimité, Nous défendre d'un juste sentiment d'indignation. Eh quoi ! on inspire à votre jeunesse catholique la défiance envers l'Église, leur mère ; on leur apprend que, depuis dix-neuf siècles, elle n'a pas encore réussi dans le monde à constituer la société sur ses vraies bases ; qu'elle n'a pas compris les notions sociales de l'autorité, de la liberté, de l'égalité, de la fraternité et de la dignité humaine ; que les grands évêques et les grands monarques, qui ont créé et si glorieusement gouverné la France, n'ont pas su donner à leur peuple ni la vraie justice, ni le vrai bonheur, parce qu'ils n'avaient pas l'idéal du « *Sillon* ». Le souffle de la Révolution a passé par là et Nous pouvons conclure que si les doctrines du « *Sillon* » sont erronées, son esprit est dangereux et son éducation funeste … Le « *Sillon* » a été capté dans sa marche par les ennemis modernes de l'Église et ne forme plus dorénavant qu'un misérable affluent du grand mouvement d'apostasie organisé, dans tous les pays, pour l'établissement d'une Église universelle, qui n'aura ni dogmes, ni hiérarchie, ni règle pour l'esprit, ni frein pour les passions et qui, sous prétexte de liberté et de dignité humaine, ramènerait dans le monde … le règne légal de la ruse et de la force,

Il faudrait aussi rappeler la *Lettre Apostolique* de Pie XI, réalisant la volonté de son prédécesseur, Benoît XV, que la mort avait empêché d'accomplir son dessein, proclamant Notre Dame de l'Assomption Patronne principale de la France et Jeanne d'Arc Patronne secondaire. Ce document est reproduit à l'Appendice VI, en fin du livre.

Pie XII lors du plus grand désastre de la France, en juin 1940 eut l'admirable courage de réconforter les Français dans une déclaration à la radio :

> « *La France a partie liée avec le Christ qui na jamais été vaincu et ne le sera jamais* [97]. »

Dans une Allocution à des journalistes français, le 17 avril 1946 :

> « Quand nous lisons les articles de presse, les discours de personnages autorisés, Nous y trouvons souvent exprimée cette conviction : « *Le Monde a besoin de la France. Que deviendrait le Monde sans la France ?* » Chose étrange, à première vue, et émouvante aussi : les situations les plus critiques, les épreuves les plus accablantes n'ont jamais fait taire cette voix des peuples. C'est que, si d'autres nations peuvent l'emporter et l'emportent tour à tour sur elle par la puissance des armes, par la puissance de l'or, par la puissance des machines, par la puissance de l'organisation, *la vraie force de la France est dans les valeurs spirituelles*. Tant que celles-ci se maintiendront dans leur vigueur, aucun revers ne saurait définitivement l'abattre, et, de toutes les crises, elle pourra sortir purifiée, rajeunie, plus grande et apte à s'acquitter de sa mission.

> « Mais, si jamais — Dieu nous garde d'accueillir un tel pressentiment ! — elle venait à y être infidèle, les dons merveilleux qu'elle a reçus du Ciel à son baptême de Reims seraient désormais stériles ; ... et *le Monde* qui comptait et *qui compte toujours sur une France forte et pleine de vie, contemplant avec effroi son déclin, sentirait qu'elle lui manque ...* » et prévoyant les attaques des adversaires de la France, le grand et saint Pape

---

et l'oppression des faibles, de ceux qui souffrent et qui travaillent. »

97.   — Voir notre étude : « *Un grand et saint Pape qui aimait la France : Pie XII tel que je l'ai connu.* »

met en garde les Français :

« Il est à craindre que des forces destructives, ennemies de toute grandeur, de toute beauté, de toute lumière, multiplient leurs assauts, usent tour à tour de la violence et de l'astuce, pour la séduire, pour la faire tomber, à son grand dommage et *au dommage de toute les nations et de tous les peuples …* »

« *Répandre sur le Monde la vérité, la justice, la bonté, l'amour dans la lumière : telle est la noble mission de la vraie France* [98] *…* »

Mission, vocation providentielle de la France qu'Il avait si magistralement exposée, comme Légat Pontifical, dans son grand discours à Notre-Dame de Paris, en 1937, à l'occasion de la Consécration de la Basilique de Sainte-Thérèse de l'Enfant Jésus. Ce magistral discours mérite d'être médité ; aussi les principaux passages sont-ils reproduits à l'appendice VII.

MONNAIES DE LOUIS XIV

Avec cette inscription :

« *Le Christ règne, Il est vainqueur, Il commande.* »

98.　—　« *Les enseignements pontificaux — La Paix intérieure des nations* », publiés par les Moines de Solesmes, pp. 501 et 502.

Chapitre IV

Les apparitions et faits mystiques affirment le caractère sacré et divin de la royauté en France

Les faits mystiques confirment, au cours des siècles, en France et à l'Étranger, le caractère sacré et divin de la Royauté en France et la Mission divine de la France.

Inutile de revenir sur les faits de Tolbiac et du Baptistère de Reims, ni sur le règne de Charlemagne. Arrivons à la Mission de Jeanne d'Arc, la plus transcendante de l'Histoire du Monde, dont le double but fut de proclamer la Royauté Universelle du Christ et de sauver le Royaume de France pour lui permettre d'assurer sa Mission providentielle :

En théologien, le Père Clérissac scrute l'Âme de la Pucelle et son étude ne pourra que faire grandir encore, s'il se peut, à nos yeux l'importance capitale de cette double Mission catholique et française.

Très judicieusement, il constate la vertu de prudence et la discrétion de l'Héroïne :

> « À un âge où ce serait une tentation, un besoin, bien plus un devoir, du moins communément, de s'ouvrir, Jeanne demeure trois ans sans parler de ses visions et de ses voix à personne. Certains de ses silences, au cours du Procès, ne sont pas moins extraordinaires : Ils proviennent de la même force paisible d'*une certitude qui est tout droit de Dieu*. Le respect et l'humilité scellent les lèvres de l'enfant ; la fidélité fera taire la prochaine martyre … »

« En elle se réalise sans violence la substitution de l'Esprit de Dieu
au moi humain. Le zèle de sa mission la dévore bien plus que la
flamme de l'action ; l'esprit de prière commande toute sa vie,
avec les inspirations quotidiennes de ses Voix … Certaines de
ses paroles sont des étincelles qui ne peuvent venir que du foyer
intérieur de l'union Divine …

« Le caractère du Christ est scellé en elle comme dans la matière la
plus tendre et la plus ferme en même temps. La Foi, l'Espérance
et la Charité, Jeanne en vit tellement qu'elle pourrait personnifier
également chacune de ces vertus. L'esprit et le sens du Christ,
lumineux, généreux et humble, rayonne de sa physionomie,
émane de ses gestes, résonne dans ses paroles ; mais surtout on
sent qu'il imprègne le fond de son être et la substance de son
âme … Car c'est le Christ qui habite et vit dans cette âme. C'est
le Christ qui est l'auteur en elle de cette sainteté si simple et si
achevée, qui dirige cette destinée d'après le plan de sa propre
vie terrestre, l'acheminement à travers une brève carrière
publique vers la mort sur un bûcher. *C'est le Christ qui met en elle
l'intelligence si claire de ses droits divins …*

« Jeanne, *du premier élan, embrasse la volonté divine de manière à ne
pouvoir s'en détacher en quoi que ce soit.* La Voix de Dieu lui a parlé
clairement, cette âme d'enfant est possédée de *cette conviction
qu'il n'y a au monde que la volonté de Dieu qui compte* — tandis
que des spirituels emploient leur vie à l'acquérir. *L'attirance divine
a été si efficace que Jeanne s'y est livrée toute entière et que désormais
elle aura le culte de la volonté et de l'honneur de Dieu par dessus tout :
c'est la raison unique de ce qu'elle entreprend, de ce qu'elle demande
ou commande* (99) … »

« J'aimerais mieux être écartelée, *dit-elle*, que d'aller en France
contre la volonté de Dieu ! »

Dès le début de sa Mission, Jeanne déclare à Baudricourt :

« Le Royaume n'appartient pas au Dauphin, il appartient à mon
Seigneur. Cependant mon Seigneur veut que le Dauphin
devienne Roi et qu'il tienne le Royaume en commande. »

---

99. — R. P. Clerissac, « *La Mission de Sainte Jeanne* » pp. 9 et 10, 21 80, 81, 88 et 89.

Elle donne à Charles VII une leçon de foi et d'abandon à Dieu :

« Ne doutez pas. »

Elle lève les doutes du Roi quant à sa légitimité :

« Je le le dis, de la part de Messire (Dieu), tu es le vrai héritier de France et fils du Roi. »

Elle lui révèle les desseins et les volontés de Dieu sur le Royaume [100].

---

100.   — Bréhal, le Grand Inquisiteur du Procès de Réhabilitation ;

« Il y eut des choses plus secrètes que celles que nous venons de dire. Tout le monde les a ignorées, et elles ne sont connues que du roi et de Jeanne. »

Et Thomas BASIN, évêque de Lisieux, dans son « *Histoire de Charles VII* » dit :

« Jeanne, admise en la présence du Roi, eut avec le prince, à l'écart des témoins, un entretien de plus de deux heures. Charles lui laissa donner sur le sujet dont elle l'entretenait tous les détails qu'elle voulut et l'interrogea à son tour. »

Monseigneur Delassus écrit :

« Ces choses plus secrètes, c'était tout d'abord la prière intime du Roi au sujet de sa filiation et la réponse que Jeanne lui apportait de la part de Dieu ; c'était la confirmation par le miracle de la constitution politique de notre pays ; mais c'était sans doute aussi la révélation des destinées de la France. » (p. 318.)

Et il poursuit : (p. 319)

« De ce long entretien, les paroles de Jeanne donnant les réponses que nous venons d'entendre aux interrogations qui lui furent faites, peuvent nous donner quelque idée de ce qu'elle voulait signifier par le don de la couronne.

« Ce don est évidemment fait à la France et non à la seule personne de Charles VII, puisqu'il doit durer jusqu'à mille ans et outre.

« Ce n'est point un objet matériel, mais une libéralité divine, une dot, un privilège ; c'est le don « le plus riche qui soit au monde » ; il est « bon » et source de biens il est « bel et bien honoré », appelant la considération et les louanges des autres nations : il est « bien croyable » enfin et son existence ne peut être niée, puisque ses effets se manifesteront de siècle en siècle, mille ans et plus.

« Il a été apporté par l'ange, par Jeanne, qui l'avait reçu d'en haut, après l'avoir sollicité de la bonté divine : « J'étais presque toujours en prière afin que Dieu envoyât le signe du Roi » ; et après l'avoir reçu et donné, elle ne se lassa point d'en rendre grâces : « J'en remerciai moult de fois Notre-Seigneur. »

« Ce privilège : il n'est point au pouvoir de l'homme, au pouvoir d'une nation de se le conférer à elle-même. « Cette couronne a été apportée de par

Très justement, le Père Clérissac écrit :

« Toute la substance du Droit public chrétien se trouve là (100bis). »

Après, mais seulement après lui avoir donné la preuve de sa Mission auprès de lui :

> « *Vous mande par moi le Roi des Cieux que vous serez sacré et couronné à Reims et que vous serez lieutenant du Roi des Cieux qui est Roi de France !* »

Peut-on proclamer avec plus de force la Royauté du Christ ? Et encore Elle ajoute :

> « Le Dauphin *sera Roi malgré ses ennemis* ; et moi je le conduirai à son sacre. »

Et Notre-Seigneur a dit à sainte Marguerite-Marie, deux siècles et demi plus tard :

> « *Je régnerai malgré mes ennemis.* »

Au Roi d'Angleterre, qui veut usurper le Royaume de France :

> « *Faites raison au Roi du Ciel de Son sang royal… Vous ne tiendrez point le Royaume de France, de Dieu le Roi du Ciel…*

Dieu ; il n'y a orfèvre au monde qui la sût faire. » Dieu pour en doter la France, l'a fabriquée dans les conseils de son éternelle prédestination, le plus insondable des mystères de la Providence, qui donne à chaque peuple comme à chaque homme sa vocation et sa mission. Dire avec Jeanne d'Arc « qu'on n'en sait pas le dernier mot », « qu'on s'en rapporte à Dieu », « que l'on n'en sait pas plus long » c'est faire sous une autre forme la réponse de l'Apôtre à la question de la prédestination. « O profondeur de la sagesse et de la science de Dieu ! qui fut son conseiller. (I. XI, 33.) »

« Il est à remarquer que ces paroles révélatrices de l'avenir de la France ne nous sont point parvenues transmises de bouche en bouche. Elles ont été recueillies par des officiers judiciaires aux gages des futurs bourreaux de la sainte Pucelle et consignés dans les actes du procès.

« La mission surnaturelle de Jeanne est une garantie de la mission exceptionnellement providentielle de la France si splendidement éclairée par l'allégorie de la sainte Pucelle ? Pourquoi avoir ainsi miraculeusement préservé et accouru notre pays, si Dieu n'avait pas sur lui, pour l'avenir, les grands desseins que la parole de Jeanne nous révèle ? » (Pp. 319-320.)

100bis. — R. P. Clerissac, *op. cit.* p. 55.

« *Mais le tiendra le Roi Charles, vrai héritier, car Dieu … Le veut* [101] *…* »

Et au duc de Bourgogne, pour le faire rentrer dans la fidélité et le devoir :

> « *Tous ceux qui guerroient au Saint Royaume de France, guerroient contre le Roi Jésus. Roy du Ciel et de tout le Monde … ! »*

Dans son « *Mystère de l'Église* », le Père Clérissac constate que :

> « Tout le long de l'Histoire de la Révélation le mode préféré des interventions divines c'est, je ne dis pas seulement la promesse, mais le Pacte et l'Alliance. Dieu s'engage ainsi tour à tour avec Adam, avec Noé, avec Abraham, avec Moïse, avec David, avec les Prophètes [102]. »

Il va faire de même avec le Roi de France :

Par ordre divin, la Pucelle va renouveler le Pacte conclu à Tolbiac et aux Fonts Baptismaux de Reims, l'Alliance du Christ et du Roi de France :

> « Gentil Roi, il me plairait avant de descendre dans le cercueil, d'avoir votre palais et votre Royaume — Oh Jeanne, répond Charles VII, mon palais et mon Royaume sont à toi. — Notaire, écrivez, dit la Pucelle inspirée : *Le 21 juin à quatre heures du soir, l'An de Jésus-Christ 1129, le Roi Charles VII donne son Royaume à Jeanne. Écrivez encore : Jeanne donne à son tour la France à Jésus-Christ.* — Nos Seigneurs, *dit-elle d'une voix forte,* à présent c'est Jésus-Christ qui parle :

> « *Moi, Seigneur Éternel, Je donne la France au Roi Charles.* »

Qu'elle est donc émouvante cette triple donation passée en bonne et dûe forme, par devant notaire !

---

101.   — Au sujet de cette lettre-sommation, elle déclarera au Procès, le 22 février 1431 : « Non, je ne l'ai pas fait par orgueil, non par présomption, mais PAR COMMANDEMENT DE NOTRE SEIGNEUR. » Et Pierre Virion constate : « Elle leur signifie la volonté divine de lui faire rendre le royaume, exactement à la manière du suzerain qui défend son vassal ou qui lui attribue souverainement une « tenure » car le mot y est. » (Pierre Virion, « *Le Roi du Ciel et le Saint Royaume de France selon Sainte Jeanne d'Arc.* », p. 12.)

102.   — R. Père Clérisrac, « *Le Mystère de l'Église* », p. 24.

Elle est l'éclair fulgurant qui explique, illumine, transfigure toute notre Histoire. Elle est l'acte capital qui consacre la raison d'être du Roi et de la France. À la face de l'Univers, Jeanne — au nom et d'ordre de Dieu — proclame la Royauté Universelle du Christ sur la création et plus particulièrement sur notre Patrie, mais aussi la mission divine du Roi de France et de son Royaume. Car cet acte a une portée générale : ce n'est pas seulement à Charles VII que Dieu confie le Royaume ; en sa personne, *c'est à toute la Race Royale* pour bien montrer que *la Race Royale est aussi inséparable de. Dieu et de la France que la France est inséparable du Christ, de sort Église et du Roi.*

Monseigneur Delassus écrit :

> « En dehors de la Race de David, jamais Dynastie n'a reçu une pareille consécration. »

En juriste, Pierre Virion montre comment le Roi de France tient au nom de Dieu le Royaume en commende :

> « Le Royaume de France, en effet n'appartient pas au Roi ; cela est juridiquement vrai. Celui-ci ne le possède pas en propriété, il a seulement un droit d'accession à la Couronne par ordre successif de primogéniture. Le Royaume est un bien de Dieu qui en possède le haut domaine, et c'est en conséquence de ce domaine suzerain, parce qu'Il est le « droicturier Seigneur », c'est-à-dire Celui dont découle tous les droits, qu'Il en concède à Charles la Royauté. Jeanne va même jusqu'à souligner ce caractère de tenure vassalique par l'emploi du terme de « commende » alors courant dans le langage juridique et qui se rapportait au contrat de vassalité, par opposition, notamment, au « franc-alleu » ou propriété libre. Nous pourrions, à l'aide des monuments de la jurisprudence des œuvres de droit coutumier, montrer la remarquable coïncidence de ces paroles avec les règles juridiques de son temps.

> « Mais la leçon de droit public ne s'arrête pas là. Si le vassal doit être, jusqu'à la mort, fidèle à son suzerain, celui-ci, en retour, a le devoir d'aider et de protéger son vassal, et c'est pourquoi Jeanne ajoute que le Seigneur enverra secours à Charles. Nous ne pouvons nous empêcher d'admirer ici la fidélité divine à l'alliance des Francs aux premiers jours de notre Histoire. Le préambule

de la Loi Salique, le Testament de Saint Rémy, la pieuse vassalité de Saint Louis, tout cela revit dans la bouche de la Sainte, démontrant avec précision la particulière Royauté du Christ sur la France, non sans replacer celle-ci, chose admirable, dans la lumière de Sa Royauté universelle par la solennelle déclaration que le Seigneur, dont elle est la messagère, est le Roi du Ciel. »

Très justement, à propos du doute de Charles VII quant à sa légitimité et de la prière que le Roi fit au Ciel concernant ce doute, il écrit :

> « À ce montent, s'est joué entre l'homme et Dieu, entre Charles et le Roi des Rois, son Suzerain Seigneur, un drame d'une si émouvante grandeur que le rationalisme impuissant doit abandonner à la foi seule le soin d'expliquer la pertinente réalité. Car, une autre obligation du Suzerain envers le vassal, c'était la « *legalitas* », la loyauté. Mot admirable, en vérité, en face de ce légalisme frauduleux déjà à la mode, où l'on invoque en faveur de l'Anglais la prétendue force légale du Traité de Troyes déshéritant le Dauphin [103], le bas mensonge de sa filiation adultérine, le serment des États Généraux de 1420, les délibérations de l'Université. Alors, à la stupéfaction de tous, en réponse à la prière du Prince, s'exerce dans le miracle, la loyauté, la « *legalitas* » du Suzerain : *un seul a droit à la Couronne de France et c'est Charles, un seul, et c'est Charles, recevra l'Onction de Reims. Il sera Lieutenant du Christ, qui est Roi de France* [104]. »

Et Pierre Virion poursuit son admirable démonstration

> « En opposition radicale avec le naturalisme bouleversant nos fumeuses distinctions libérales, Jeanne vient, sans discussion possible, d'accomplir, dépouillée de toute considération théorique, un acte nettement politique nous montrant la politique inséparable de la religion et où le Pouvoir apparaît

---

103. — Nous ajoutons cette précision au texte de notre ami, Pierre Virion Comme certains le feront plus tard, à l'occasion des Traités d'Utrecht et de Rastadt à l'encontre des droits imprescriptibles et certains de la branche des Bourbons d'Espagne, droits éventuels et à leur rang dans l'ordre de succession au Trône. (Voir les Appendices III et IV.)

104. — Pierre Virion, *op. cit.*, pp. 6 à 9.

sans voile, tel qu'il est, prenant sa source en l'Autorité Divine. Mais ce n'est pas seulement cela. Entre le miracle de la reconnaissance de Charles VII et la révélation de la prière secrète que celui-ci avait adressée à Dieu, soulevée par cette inspiration qu'elle décrira devant ses juges dans l'allégorie du signe et de la couronne, elle vient de prononcer les paroles les plus solennelles du message ; la France vient de recevoir la révélation [105] de sa spéciale appartenance au Christ-Roi. Dieu, d'ordinaire, ne désigne pas le détenteur du pouvoir dont la transmission est abandonnée par Lui au jeu des institutions humaines, cela la doctrine catholique l'enseigne et l'histoire le montre. Mais ici, quand l'institution dynastique est trahie par les hommes et que Jeanne affirme : « *Tu est fils de Roi* » et qu'elle prophétise : « *Tu seras sacré et couronné !* » Mais ce jour là, quand, en dépendance directe des commandements d'En-Haut et par une grâce inouïe, elle laisse tomber ces paroles :

> « *Le Roi des Cieux est Roi de France !* »

> « Et quand la prophétie s'est réalisée, avec bien d'autres encore, la proclamation royale de la Sainte ne serait pas une réalité ?

> « Jamais, prenons-y garde, sauf peut-être dans l'Ancien Testament, *jamais n'était descendu du Ciel un pareil message politique* [106]. »

Oui, *la Royauté est bien le seul régime politique* voulu par Dieu en France ! *Quelle confirmation du caractère sacré et divin de la Royauté !* Mais revenons à l'étude théologique du Père Clérissac :

> « La prédominance du Sacre Royal dans les pensées de Jeanne d'Arc ... le Sacre toujours présent à la pensée de Jeanne nous révèle l'objet ... adéquat de sa mission, qui fut *de rappeler au Monde ... qu'il y a une politique surnaturelle de Dieu*, réellement agissante, dominant la politique des pouvoirs terrestres, et un Droit Chrétien qui applique et maintient la loi essentielle de cette Politique, à savoir le salut des peuples par l'Église du Christ ...

---

105.   — Disons « confirmation » car cette « révélation » avait été faite dès l'origine par Saint Rémy au premier de nos Rois, Clovis, et confirmé ensuite par Grégoire IX dans sa lettre à Saint Louis.

106.   — Pierre Virion, *op. cit.*, pp. 10 et 11.

> « À ce point de vue, la gloire de Jeanne est incomparable. Si déjà
> par le caractère elle éclipse Judith et Esther, je dis que par cette
> vision du Sacre qui est au bout de son regard, elle approche de la
> grandeur de Moïse, premier pro-mitigateur des Droits de Dieu et
> de l'Alliance Divine [107]. Sa gloire de Libératrice pâlirait auprès
> de sa gloire d'Ange de la Politique Divine, si on pouvait séparer
> l'une de l'autre [108]. »

D'ordre de Dieu, Jeanne vient rappeler que le Sacre fait du
Roi de France le chef politique de la chrétienté parce qu'il est le
Lieutenant du Christ qui seul est le vrai Roi de France.

Le Père Clérissac poursuit :

> « Elle ne doutait nullement du droit royal du Dauphin avant de le
> conduire à Reims, mais elle refusait jusque là de l'appeler Roi,
> parce que sa foi lui faisait estimer très haut le gage d'agrément
> divin qu'apporte le Sacre, parce que c'est de ce pacte réciproque
> entre le Roi de France et Dieu et Jésus-Christ que datait pour
> elle, non pas la légitimité politique de Chartes VII à laquelle il
> ne manquait rien, mais sa légitimité pour ainsi dire surnaturelle,
> l'exercice de sa vice-gérance pour la terre de France au nom de
> Jésus-Christ. *À ses yeux, c'est le Sacre qui faisait du Roi, au sens
> féodal et chrétien, l'Homme de Dieu* [109].
>
> « L'image de la prérogative royale (du Christ) sera ainsi reproduite
> de quelque manière par le Sacre dans les souverains chrétiens.
> Une glorieuse *Vassalité* les lie au Christ-Pantocrator, et leur
> pouvoir devient un des ressorts de son Empire. Ils Lui inféodent
> leur puissance, mais c'est pour la voir changée en une lieutenance
> plus auguste que leur droit humain puisqu'ils deviennent
> coopérateurs du Plan surnaturel …
>
> « C'est donc bien *l'Homme de Dieu, l'Homme du Christ* qui apparaît
> ou *doit apparaître, à partir du Sacre, dans le Roi. Il est désormais,
> à sa manière, une image de l'oint divin, un Christ temporel. Et les
> peuples chrétiens reconnaissent ce reflet du Christ en sa personne.*

---

107. — Elle surpasse même Moïse, car il a douté, alors qu'elle, notre Jeanne,
n'a jamais douté ni hésité.

108. — R. P. Clérissac, « *Mission de sainte Jeanne* », p. 35.

109. — Les Rois de France se sont toujours considérés comme tels, ainsi
que nous l'avons vu.

> « On le voit, le Roi terrestre est *tellement entré*, aux yeux du peuple
> chrétien, *dans la lumière du Roi divin*, qu'il y a presque disparu : *c'est*
> *l'avènement du seul Roi éternel que le peuple acclame dans le Sacre.*
> « .. La bienheureuse Jeanne d'Arc a été pénétrée de toute la grande
> idée du Sacre, *elle a donc été la véritable messagère de la politique*
> *divine* ... Pour elle, le Roi de France n'étant que le feudataire
> du Roi du Ciel, *c'est l'autorité du Roi du Ciel qui est en jeu, et*
> *son honneur* ... Dans l'esprit de Jeanne ... *le fief de la providence*
> *divine, le fief de Jésus-Christ, c'est la France* (110) ... »

Le Père Clérissac ajoute :

> « Pour la France, Jeanne n'aurait pu l'aimer plus qu'elle l'a fait.
> *Elle voit et aime en la France le fief de Dieu.* C'était dans son esprit
> la raison de l'unité pour ainsi dire sacrée de la Patrie ... *Elle aime*
> *la France en Dieu, et elle aime Dieu dans la France* ... Quand elle
> invente l'allégorie de la Couronne, au Procès, on la croirait saisie
> d'un lyrisme inspiré, et ce n'est plus la couronne matérielle du
> Roi qu'elle décrit, mais le diadème de la France chrétienne :
> « Cette couronne venait de Dieu, et il n'y a point d'orfèvre au
> monde qui puisse la façonner si riche et si belle ... Elle est d'une
> odeur exquise, et le restera toujours aussi longtemps qu'elle sera
> convenablement gardée (110bis). »

Jeanne pénètre « au cœur d'un mystère qui nous étonnera
toujours quand elle déclare, et, en même temps nous rappelle à
l'humilité :

> « Il y a plus ès livre de Notre-Seigneur que ès vôtre. »

Pierre Virion écrit :

> « Il fallait que ces paroles passassent à la postérité pour nous faire
> voir le mystère de France, mystère royal du Christ. »

Ce Mystère de France, Mystère Royal du Christ, il est représenté et
symbolisé par l'Étendard de la Pucelle :

« *Tout l'Étendard*, dira-t-elle à Rouen, *était commandé*
par Notre-Seigneur, par les voix de sainte Marguerite et de
sainte Catherine qui me disaient : « Prends l'Étendard de par

---

110. — R. P. Clérissac, *op. cit.*, pp. 24, 50 à 53, 92 et 93.
110bis. — *Ibidem.*

le Roi du Ciel et porte le hardiment, Dieu t'aidera. » *Or, cet Étendard blanc semé de fleurs de lys porte le Christ en gloire tenant en main le globe du monde. C'est l'Étendard du Christ-Roi Universel* [111]. *Il porte aussi l'Archange Gabriel qui présente au Christ les fleurs de lys de France, emblème de la Royauté et le Christ les bénit. Admirable symbole de l'Alliance du Trône et de l'Autel, du Christ et du Roi, montrant ainsi que le règne du Christ est lié à celui de son Lieutenant.* »

Et Jeanne précise que *le Roi de France est le plus noble de tous les Chrétiens et que l'alliance divine avec le Roi de France* « *durera mille ans et plus* », c'est-à-dire *sera éternelle*.

Oui, très réellement, *Jeanne d'Arc a été la grande martyre de la Royauté Universelle du Christ et aussi du caractère sacré et divin de la Royauté en France* [112].

Aussi le Père Clérissac peut-il affirmer :

> « *En Jeanne d'Arc, Dieu a regardé tour à tour et aimé la France*, vraie France, *et l'Église* ... Voilà quelle fut votre gloire, ô Jeanne ! Avant le Paradis, l'amour ne peut rien faire de plus beau, ni de plus grand. Mais puisqu'au Paradis et sur la terre l'amour est le même, alors *Jeanne d'Arc continue de représenter la France et l'Église et de répondre pour elles devant Dieu* [113] ... »

---

111. — Jeanne d'Arc s'était fait confectionner aussi une enseigne au milieu de laquelle un écu porte sur fond d'azur une colombe d'argent tenant en son bec la devise « *De par le Roy du Ciel.* » Pierre Virion, *op. cit.*, pp. 10 et 11.

112. — Nous avons été heureux de lire dans le n° d' « *Itinéraires* » de Janvier 1971 l'article du R. Père Calmel, O. P. : « Sainte Jeanne d'Arc Vierge et Martyre » où il écrit : « *Mon espoir, dans cette recherche est que l'Église invoquera un jour Jeanne d'Arc comme martyre et non seulement comme vierge ; de même qu'elle étendra son culte à tous les pays. Cette universalité dans la vénération me parait ne pas moins convenir à la Vierge de Lorraine qu'au Roi Louis de France.* » Rappelons que Saint Pie X, à l'occasion de la Béatification de la Pucelle avait déclaré à la Congrégation des Rites : « *Nous admirons la Bienheureuse Jeanne d'Arc comme un astre nouveau destiné à briller non seulement pour la France mais pour l'Église universelle.* »

113. — R. P. Clérissac, *op. cit.*, p. 107.

LA CONSÉCRATION DU ROI ET DE LA FRANCE
À LA TRÈS SAINTE VIERGE PAR LOUIS XIII.

Il est un autre Acte solennel, officiel, qui caractérise bien la Royauté et la France ; c'est la Consécration du Royaume faite par Louis XIII à la Très Sainte Vierge le 10 février 1638 en témoignage de reconnaissance pour la protection et les grâces que la Reine du Ciel n'a cessé d'accorder à la France depuis l'instauration miraculeuse de la Monarchie à Reims le jour de Noël 496.

Dans l'Acte de Consécration, le Roi reconnaît :

> « Si les plus grandes forces des ennemis de cette Couronne se sont ralliées pour conspirer sa ruine, Il a confondu leurs ambitieux desseins pour faire voir à toutes les nations que, *comme sa Providence a fondé cet État, sa Bonté le conserve et sa Puissance le défend* ... Tant de grâces si évidentes font que ... nous avons cru être obligé de *nous consacrer à la grandeur de Dieu..., à ces causes, nous avons déclaré et déclarons que, prenant la très sainte et très glorieuse Vierge pour protectrice spéciale de notre Royaume, nous lui consacrons particulièrement notre personne, notre État, notre couronne et nos sujets* [114] ... »

Par cet Acte grandiose, le Roi donnait à Marie et la Reine du Ciel acquérait une véritable possession, une propriété réelle et absolue sur la France et sur nos Rois qui devenaient ainsi, les Lieutenants, les vassaux de la Mère de Dieu. Non seulement, en effet, le Roi avait agi dans la plénitude de son Pouvoir Royal, mais tous les Corps de l'État en l'enregistrant et le Peuple en s'y associant avec une splendide ardeur, l'avaient confirmé au nom de la France tout entière. Cette donation ayant été faite *irrévocablement*, il n'est au pouvoir de personne de la dénoncer, de l'amoindrir, de la supprimer : c'est pourquoi la France demeurera — qu'on le veuille ou non — jusqu'à la fin des temps le spécial Royaume de Marie. Cette Consécration constitue à l'heure actuelle — alors que certains seraient enclins à désespérer de l'avenir de la France — la garantie formelle, absolue, qu'elle rentrera dans l'ordre voulu

---

114. — Voir le texte complet de cette Consécration à l'Appendice VI.

par Dieu et ne sera pas rejetée à tout jamais ; car la Reine du Ciel ne peut pas — nous sommes tentés de dire : elle n'en a pas le droit — abandonner définitivement au pouvoir de Satan-Lucifer ce qui Lui appartient spécialement sans encourir du même coup une diminution irrévocable de Sa Puissance, de Sa Souveraineté, de Sa Royauté, ce qui est une impossibilité.

Notre-Seigneur, Lui-même, l'a reconnu dans une Apparition à Marie Lataste, Religieuse du Sacré-Cœur, au XIXᵉ siècle :

> « Il est une chaîne que Satan ne peut briser et qui le captive : car ma Mère a un droit spécial sur la France qui Lui est consacrée et par ce droit Elle arrête le bras courroucé de Dieu et répand sur ce Pays qui Lui est voué les bénédictions du Ciel [115] … »

À la fin du siècle, de 1884 à 1709, la Reine du Ciel apparaît au Laus à Benoîte Rencurel et ne cesse de faire prier pour le Roi et de prévenir des dangers qu'il court et de ceux qui menacent le Royaume. Nouvelle preuve, ajoutée à tant d'autres que la Royauté est bien le *seul* régime voulu par Dieu pour la France [116].

LES DEMANDES DU SACRÉ-CŒUR
ET LA RÉVOLUTION SATANIQUE.

Les Apparitions du Sacré-Cœur à sainte Marguerite-Marie à partir de 1689 confirment à nouveau la Mission divine du Roi et de la France.

Depuis 1682, le Roi Louis XIV est en conflit violent avec le Saint-Siège. L'ordre chrétien est troublé ; il faut donc réconcilier le Pape et le Roi Très Chrétien 1689 : le Sacré-Cœur paraît. Il veut rappeler au Roi le Pacte de Tolbiac, l'Alliance contractée au Baptistère de Reims, l'Acte notarié inspiré à la Pucelle

---

115.　— Abbé Pascal Darbins, « *Vie de Marie Lataste.* »

116.　— Voir les « *Annales de Notre-Dame-du-Laus* » et notre étude « *La Vierge Marie dans l'Histoire de France.* »

du 21 juin 1429, Acte de triple donation du Royaume par le Roi à Jeanne d'Arc, par Celle-ci à Dieu, enfin par Dieu au Roi Charles VII, *pour rappeler à ce dernier que le Roi de France ne tient le Royaume qu'en commende, qu'il n'est que le vassal du Christ, qui, Lui, est le vrai Roi de France.* Le Sacré-Cœur n'a-t-il pas des droits tout particuliers sur lui ? Ne s'adresse-t-il pas au successeur de Clovis, de Charlemagne, de Saint Louis, de Charles VII, de Louis XIII, à celui-là précisément qui Lui doit miraculeusement le jour ?

Il veut rappeler au Pape que le Roi de France est le Fils Aîné de l'Église et que, au dire de Grégoire IX, dans sa lettre à Saint Louis, « *la France est le Royaume de Dieu-Même* », que « les ennemis de la France sont les ennemis du Christ s, que « *la Tribu du Juda était la figure anticipée du Royaume de France* » et que « *le Rédempteur a choisi le béni Royaume de France comme l'exécuteur spécial de ses divines volontés.* »

Là ne s'arrête pas le but poursuivi par Notre-Seigneur. Après avoir rappelé par Son intervention, ces grandes vérités et au Pape et au Roi pour faciliter leur réconciliation, Il veut une fois de plus *consacrer par un acte grandiose cette mission divine de la France et de son Roi.*

Parce qu'Il l'a davantage comblé, Son « Lieutenant » Lui est plus cher Il lui réserve le plus beau rôle. Que demande-t-Il ? :

- 1. La Consécration du Roi et du Royaume de France au Sacré-Cœur.
- 2. L'apposition du Sacré-Cœur sur les Armes du Roi et sur ses Étendards.
- 3. La construction d'un édifice où serait exposé et honoré le Sacré-Cœur.
- 4. Que le Roi obtienne du Saint-Siège la messe et établissement du culte du Sacré-Cœur dans la Sainte Église.
- 5. Que le Roi de France fasse triompher le Règne du Sacré-Cœur auprès des rois et des grands de la terre, afin de lui faire ainsi mériter de porter à jamais le glorieux titre de *Lieutenant du Sacré-Cœur.* Il veut donc ajouter le plus beau fleuron à l'auréole de Son « Fils Aîné ». Il veut, dans

sa splendide prédilection, *attacher pour l'éternité le nom du Roi de France au culte de son Sacré-Cœur.*

Parce qu'Il l'aime davantage, Il veut que notre France — Son peuple préféré, Son « *Royaume* » — soit magnifiée et glorifiée : quoi de plus glorieux pour la Fille Aînée de l'Église de voir le front de son Roi ainsi auréolé, son ardeur apostolique dirigée vers un but si sublime et d'être associée aussi directement à l'établissement du Règne du Christ sur le monde ?

Oui, la voilà proclamée *une fois de plus par Notre-Seigneur lui-même la mission divine du Roi et de la France.*

En outre, dans Sa prescience divine, Notre-Seigneur connaissait les attaques que le Pouvoir occulte, inspiré par Lucifer, préparait contre l'Église et contre la France. Il avait donc voulu, dans Sa bonté et Son infinie sagesse, les prémunir toutes deux — et par elles le monde — contre ces attaques infernales en leur donnant le moyen d'y parer grâce à l'établissement pacifique du Règne de son Sacré-Cœur. Précisément, dans Son Message, Notre-Seigneur précisait qu'Il protégerait le Roi *contre tous ses ennemis visibles et invisibles*... et qu'Il le *ferait triompher de tous ses ennemis qui sont en même temps ceux de la Sainte Église.* Vrai Traité d'alliance entre le Christ et le Roi de France.

Le confesseur du Roi, un jésuite, le Père de la Chaise était nommément désigné par Notre-Seigneur pour transmettre au Roi le Message Divin et pour le faire aboutir. Malheureusement le Saint-Siège ne comprit pas la grandeur des desseins de Dieu, puisqu'il faudra attendre Pie IX pour que le culte du Sacré-Cœur soit institué dans l'Église Universelle, et le général de la Compagnie de Jésus, le Père Thyrse Gonzalez, étant formellement hostile à cette dévotion, l'intermédiaire désigné ne transmit pas le Message Divin [117] et l'Église et la France restèrent sans le bouclier

---

117.   — Voir notre ouvrage précédent et notre étude « *Le Sacré-Cœur et la France* » ainsi que le très important article du Père Guitton S. J., dans la « *Revue d'Ascétique et de Mystique* » de Juillet-Septembre 1958 : « Le Père de la Chaise a-t-il transmis à Louis XIV le Message de Sainte Marguerite Marie ? » dans lequel il conclut négativement.

protecteur que la Providence avait voulu leur donner. Dès lors le Règne du Sacré-Cœur ne pouvait plus s'établir que lentement, progressivement, humainement pourrait-on-dire, c'est-à-dire dans la lutte, les épreuves, la souffrance des hommes livrés à eux-mêmes. Alors les ennemis « *invisibles* » de l'Église et de la France, le Pouvoir Occulte, les Sociétés Secrètes et la Franc-Maçonnerie ainsi que les Puissances protestantes déclenchèrent leurs attaques lucifériennes qui aboutirent :

- Pour la France à la révolution et à la chute de la Royauté, que Louis XVI sacra du seul fleuron qui lui manquait encore : *le martyre* ;
- pour la Compagnie de Jésus, à sa suppression ;
- pour l'Église, d'abord au martyre de Pie VI, ensuite à la suppression de son Pouvoir Temporel, sauvegarde de son Pouvoir Spirituel ;
- enfin à la crise ultime qu'elle vit actuellement par l'Introduction dans son sein de la démocratie et, à sa tête, des suppôts de l'enfer.

Revenons à la France et au martyre de son Roi.

Le Père Bruckberger écrit à ce sujet :

« On comprend à quel point *le meurtre du Roi fut un acte consciemment sacrilège, la profanation volontaire du Sacre de Reims, la Messe noire de l'histoire de France,* dont nous n'avons pas fini de vivre les ultimes conséquences. C'est un acte symbolique… qui domine l'histoire de France, au même titre, bien qu'en sens inverse, que le baptême de Clovis à Reims ou l'ouverture triomphale et sacrificielle de Jeanne d'Arc. Ce n'est pas une société profane qui s'est scellée dans le sang de Louis XVI, *c'est une contre-chrétienté* : en immolant l'oint du Seigneur, ce peuple en tant que peuple, abdiquait la haute espérance du Royaume de Dieu [118]. »

Il ajoute :

---

118.   — Citant ce texte, Michel Servant précise : « *Il n'y a pas eu en réalité, au plan surnaturel,* « rupture irréparable » (même si cela peut être vrai historiquement), *mais simple suspension dans le temps des* « Gestes de Dieu pour la France ». « *Veillez et priez car l'heure est proche. Il est midi moins cinq* », p. 754, note 1.)

« ... Pour comprendre notre époque, autant vaut remonter des effets aux causes, et discerner comment les conséquences justifient ou vengent les principes ... *Le meurtre rituel du Roi ...,* *est le signe aveuglant d'une conflagration mystérieuse et terrible ...* »

« L'histoire de l'Enfant Prodigue est la parabole des temps modernes, qui se sont inaugurés par la mise à mort du Roi consacré, et par la profanation de l'ordre politique ... La Parabole de l'Enfant prodigue commence ainsi : « *Père donne-moi ma part d'héritage !* » Quel plus sûr moyen d'ouvrir la succession que d'assassiner le Père C'est ce que le monde moderne a fait, au moins en intention, en abolissant l'image du Roi-Père [119] ! »

Le Fils Aîné et le bouclier de l'Église éliminé, l'attaque contre celle-ci devait s'en suivre : suppression du Pouvoir Temporel, puis déchristianisation du monde, enfin démocratisation hérétique de l'Église pour mieux détruire tous les dogmes et la Foi, pour détrôner Jésus-Christ Lui-même.

Oui, très véritablement, l'histoire prouve que le Christ était bien la pierre angulaire, la clé de voûte de la France et le Roi son Lieutenant.

JEANNE D'ARC
La Voix de Dieu lui a parlé clairement :

« Prends l'Étendard de par le Roi du Ciel et porte le hardiment, Dieu t'aidera. »

---

119. — R. P. Bruckberger, « *Dieu et la Politique* », pp. 71 à 73 et 126, etc. Paris, 1971.

CHAPITRE V

Vers l'Avenir

CET AVENIR SERA LA CONFIRMATION LA PLUS ÉCLATANTE DU CARACTÈRE SACRÉ ET DIVIN DE LA ROYAUTÉ EN FRANCE LES GRANDES APPARITIONS DES XIXᵉ ET XXᵉ SIÈCLES L'AFFIRMENT

Les dons de Dieu sont sans repentance. S'il peut être retardé par la mauvaise volonté des hommes, le plan divin demeure et la volonté de Dieu inchangée. L'histoire mystique le prouve surabondamment depuis la Révolution.

Pour réparer les désastres engendrés par la Révolution, les Apparitions de la Très Sainte Vierge se multiplièrent en vue de préparer les grandes restaurations de l'Église dans le monde, et pour ce faire, de la Royauté en France.

Citons quelques faits caractéristiques :

Deux fois, Dieu intervint auprès de Louis XVIII :

Une première fois, Martin de Gallardon prévint le Monarque de la Survivance de son neveu, Louis XVII, et que lui, Louis XVIII, n'était donc qu'un usurpateur. Il ajouta au souverain que s'il se faisait sacrer, il serait foudroyé au cours de la cérémonie … et le Monarque usurpateur n'osa pas s'exposer à la sanction divine.

Une seconde fois …

Le 21 juin 1823, à Sœur Marie de Jésus, Religieuse du Couvent des Oiseaux, le Sacré-Cœur déclare :

« La France est toujours bien chère à mon Divin Cœur et elle Lui sera consacrée. *Mais il faut que ce soit le Roi lui-même* qui consacre sa Famille et tout son Royaume à mon Divin Cœur I il lui faut, comme Je l'ai déjà dit, *élever un autel* comme on en a élevé un au nom de la France, en l'honneur de la Sainte Vierge. *Je prépare un déluge de grâces à la France lorsqu'elle sera consacrée à mon Divin Cœur et toute la terre se ressentira des bénédictions que je répandrai sur elle.* »

On peut légitimement penser que si Louis XVIII avait fait venir auprès de lui, Louis XVII et sa Famille pour les préparer à leur mission et que, si cette Consécration avait été faite à ce moment, la Monarchie n'eut pas été renversée en 1830, car elle serait rentrée dans l'Ordre voulu par Dieu.

En 1830, à Catherine Labouré, Religieuse de Saint-Vincent-de-Paul, rue du Bac à Paris, la Sainte Vierge annonce la chute de Charles X et déclare que c'est Jésus-Christ Lui-même qui va être dépouillé en la personne de Son Lieutenant [120].

Le duc d'Orléans, Louis-Philippe, usurpe-t-il le Trône, Notre-Seigneur se plaint à Marie Lataste, le 20 novembre 1843, que la France « brise le Trône de ses Rois » et Il ajoute :

« *Je lui ai suscité des Rois*, elle en a choisi d'autres à son gré. N'a-t-elle pas vu, ne voit-elle pas que je j me sers de sa volonté pour la punir [121] ?... »

À Catherine Labouré, la Sainte Vierge avait annoncé, en 1830, le *triomphe de Satan quarante ans après* : 1870, en effet, verra celui de la *République* en France et du *péril allemand* sur le monde, péril qui provoquera les grandes Conflagrations mondiales de 1914 et de 1939 (en attendant la troisième par les soviétiques) et les bouleversements engendrés par le communisme.

---

120.   — Bien que Charles X n'ait pas été le Roi légitime, Dieu ne l'avait pas rejeté, car il avait voulu rendre le Trône à son Neveu, mais le Cardinal de Latil et Monseigneur de Forbin-Janson lui firent un devoir de monter sur le Trône, Louis XVII n'ayant pas été préparé à régner et étant inconnu de l'immense majorité des français. Il reçut donc l'onction du Sacre.

121.   — Abbé Pascal Darbons, « *Vie de Marie Lataste* », pp. 395 à 399.

Le soir du 4 septembre 1870, une possédée du démon, Hélène Poirier, vit entrer un grand nombre de diables qui lui apprirent que :

> « La république venait d'être proclamée à Paris. Pour en témoigner leur joie, ils se mirent à chanter, à rire, à danser avec frénésie. Ce qui les réjouit c'est, disent-ils, qu'à la tête du gouvernement sont les leurs et qu'ainsi, eux, démons, auront plus de facilité pour anéantir le règne de Jésus-Christ [122]. »

À ce moment, le Chef de la Maison Royale de France, Monsieur le Comte de Chambord, donnait le programme sauveur qu'appliquera, demain, le Grand Monarque annoncé par tant de prophéties :

> « *Il faut pour que la France soit sauvée que Dieu y rentre en Maître pour que j'y puisse régner en Roi.* »

Parlant du Prince, Pie IX avait dit :

> « Tout ce qu'il dit est bien dit ; tout ce qu'il fait est bien fait. »

Pour sauver la France, le Ciel intervint encore ; par l'intermédiaire de Madame Royer, le Sacré-Cœur revint à la charge auprès du Comte de Chambord. Le Prince, si intensément chrétien, ne pouvait que répondre favorablement. Déjà, à Frohsdorf, chaque année le Prince faisait célébrer avec ferveur la fête du Sacré-Cœur. Le 24 mai 1879, il envoya un de ses confidents, le Comte Joseph du Bourg, à Paray-le-Monial porter la promesse écrite de *consacrer la France et ses armées dans le cours de l'année qui suivrait sa rentrée comme Roi en France*, promesse que la Supérieure du Monastère enferma dans la chasse de sainte Marguerite-Marie.

Les efforts conjugués des Orléanistes, des républicains, des francs-maçons et du Pouvoir Occulte firent échouer la restauration de la Monarchie, aussi, le 24 août 1883, Notre-Seigneur annonce-t-il à Marie-Julie Jahenny, la stigmatisée de la Fraudais en Bretagne, la mort du Prince qui venait de se produire. À ce moment, Marie-Julie vit la Croix se couvrir de nuages, le monde de ténèbres et Jésus-Christ, du haut de son Trône s'écrier d'une voix terrible :

---

122. — Chanoine Champeaur, « *Une possédée contemporaine, Hélène Poirier* », p. 326.

> « *J'ai voulu donner à la France un Roi qu'elle a refusé. Plus d'espérance du côté de la terre ! La France n'ayant pas mérité celui qui devait la sauver, Dieu l'a enlevé de la terre. C'est le premier châtiment*[123]! »

De fait, depuis lors les châtiments s'accélèrent et vont en s'amplifiant : persécution anti-religieuse suivie de l'invasion de 1914 engendrée par la politique anti-religieuse et anti-militariste.

Alors, à nouveau, la France étant en péril de mort, Notre-Seigneur intervint — mais, cette fois-ci, auprès du Chef de l'État. Il apparut à Claire Ferchaud, à Loublande, en 1916-1917 et demanda que l'image de son Sacré-Cœur soit apposée sur le drapeau national, promettant la victoire. Reçue par le Président de la République, Raymond Poincaré, celui-ci ne put faire aboutir la demande du fait du caractère fondamentalement anti-chrétien du régime républicain. Alors Claire Ferchaud — d'ordre de Notre-Seigneur — écrivit à tous les généraux français pour leur faire connaître la volonté divine. Le Message Divin ajoute :

> « Le peuple de France est à deux doigts de sa perte, *le Traître vit au cœur de la France. C'est la Franc-Maçonnerie qui, pour obtenir la perte éternelle de ce pays, d'accord avec l'Allemagne, a engendré cette guerre… sans moi la France serait perdue ; mais mon amour qui veut la vie de cette France, arrête le fil électrique qui communique le secret de la France à l'ennemi… on découvrira tous leurs engins et plusieurs seront mis à mort…* »

Notre-Seigneur annonce ainsi, par Claire, à la France, les trahisons du Ministre de l'Intérieur, Malvy, de Caillaux et des autres, découvertes en effet peu après.

Les insignes du Sacré-Cœur se répandirent aux Armées et dans le Pays et sauvèrent miraculeusement combien de nos soldats ! Le 17 juillet 1918, au moment où tout parut perdu devant la ruée allemande victorieuse, le Maréchal Foch, Généralissime des Armées Alliées, les consacre au Sacré-Cœur… et ce fut l'aube de la Victoire. Mais la République n'ayant pas répondu à l'Appel Divin, cette Victoire est incomplète et la France perd la paix — contraire à tous les intérêts français — paix qui consacre l'hégémonie des

---

123.   — Voir l'appendice VIII de le présente étude.

puissances Judéo-maçonnico-protestantes et l'abaissement des Puissances Catholiques et du rayonnement de l'Église.

La France et la Chrétienté avaient obtenu un sursis. Il fallait, en effet, que la France soit sauvée pour que la Mission essentielle de Claire Ferchaud put se réaliser. La volonté divine était que la Messe perpétuelle fut instituée et organisée, des prêtres se succédant sans arrêt jour et nuit pour célébrer le Saint Sacrifice « non seulement en réparation des outrages faits à l'Amour de Dieu, mais aussi comme signe de renouveau pour l'Église et pour la France », afin que le Sang Divin coulant sans interruption ne cessât pas de racheter le monde et de le réconcilier avec Dieu. Cette œuvre, capitale pour le salut et la paix du monde, est déjà en voie de réalisation, mais elle ne verra son plein épanouissement que sous les Règnes du Saint Pape et du Grand Monarque.

Victoire obtenue par le sacrifice de quinze cent mille morts, mais perte de la paix qui se traduit par l'abaissement des puissances catholiques et l'hégémonie des puissances protestantes ; en face du réarmement allemand, la république poursuit le désarmement systématique de la France qui provoquera la seconde conflagration mondiale et la troisième invasion du pays en soixante-dix ans.

Ajoutons que, pendant la dernière guerre, l'auteur de cette étude demanda au Maréchal Pétain, — qui avait déjà réalisée la Consécration de la France au Cœur Immaculé de Marie dans l'église Saint-Louis de Vichy en mars 1943 —, de venir en personne, comme Chef de l'État, présider la cérémonie de Consécration des Familles de France en la Basilique du Sacré-Cœur de Montmartre. Le Maréchal avait accepté en principe ; il avait ajouté, avec une admirable humilité :

> « Quant à la Consécration de la France au Sacré-Cœur, *seul le Roi de France est qualifié pour la faire* afin de lui donner la plénitude de sa force … Je ne suis que le Chef de l'État. Je ne suis pas le Roi de France. Mais le Maréchal ne refusait pas de faire cette Consécration comme Chef de l'État.

De son regard profond, le Vainqueur de Verdun, le Sauveur de la France, avait discerné le problème dans toute sa profondeur.

Seule une grande âme comme la sienne pouvait comprendre.

Les événements se précipitèrent ; Il fut emmené prisonnier en Allemagne et ne put donc réaliser son désir.

L'arrivée de De Gaulle entraînera pour la France les pires catastrophes, car il s'empressa d'établir une Constitution affirmant la laïcité de l'État et constituant un véritable reniement de la Mission Divine de la France :

La perte du rang de grande puissance et de son Empire Colonial accomplie par la plus colossale trahison de toute l'Histoire de France, la destruction de toutes les valeurs spirituelles et morales préparant ainsi la troisième conflagration et l'invasion en même temps que le joug communiste. Châtiments rendus nécessaires en expiation de l'athée généralisé : on ne se moque pas du Créateur. Mais quand Dieu châtie, c'est pour redresser et ramener à la vérité, car il est Père.

Que disent les Prophètes et âmes mystiques de l'Ancien et du Nouveau Testament ? Ils ont tout annoncé :

Au XVIIe siècle, le Vénérable Holzhauser, dans son « *Interprétation de l'Apocalypse* », ouvrage reconnu comme inspiré par Dieu, décrit la fin du cinquième âge, que nous vivons présentement, depuis la Révolution :

> « *De tous côtés les peuples conspireront pour la République, et ainsi l'on verra de terribles calamités partout…* Les princes seront renversés, les monarques mis à mort, et leurs sujets livrés à l'anarchie. Alors le Tout Puissant interviendra par un coup admirable que personne au monde ne pourrait imaginer [124] … »

Et il décrit ensuite le temps dans lequel nous allons entrer :

> « Le sixième âge de l'Église commencera avec le Puissant Monarque et le Saint Pontife. Il durera jusqu'à l'apparition de l'Antéchrist. Cet âge sera un âge de consolation dans lequel Dieu consolera son Église de l'affliction et des grandes tribulations de l'âge précédent. Toutes les nations seront rendues à l'unité de

---

124. — Vénérable Holzhauser : Réponse au Roi Charles d'Angleterre. Cité par le baron de Novaye dans son excellente étude « *Demain* », p. 139.

la Foi Catholique ... Le Grand Monarque abaissera les hérétiques, soumettra tous les peuples et tous les États à l'Église ... Le Puissant Monarque détruira les républiques de fond en comble et soumettra tout à son Empire. Il régnera de l'Orient à l'Occident. »

Plus de cent prophéties annoncent ce Saint Pape et ce Grand Monarque issus de la Maison Royale de France [125]. Déjà dans l'Ancien Testament le Roi David dans ses « *Psaumes* », et les Prophètes Isaïe, Jérémie, Ezéchiel, Joël, Zacharie et Malachie les ont décrits, et, dans le *Nouveau Testament*, saint Jean dans son « *Apocalypse* ». De nombreux Saints ont fait de même : Saint Césaire au IVe siècle, saint Thomas d'Aquin au XIIIe siècle, saint Vincent Ferrier et saint François de Paule au XVe, parmi tant d'autres.

La Prophétie de Prémol met ces paroles dans la bouche de Dieu :

« Voici ceux que J'ai choisis pour mettre la paix entre l'Archange et le dragon et qui doivent renouveler la face de la terre. Ils sont Mon Verbe (le Saint Pape) et Mon Bras (le Grand Roi). Et c'est Mon Esprit qui les garde [126]. »

Qui sera ce Grand Monarque ?

Les prophéties sont formelles : un descendant de Louis XVII, mais dont la postérité demeurera cachée jusqu'à l'heure voulue par Dieu, afin que les Sociétés secrètes, les républicains ou certains prétendants ne puissent tenter de le faire disparaître ...

Au XVIIIe siècle, le Père Nectou annonce que l'Enfant du Temple ne périra pas et que sa postérité assurera le triomphe de l'Église, triomphe *« tel qu'il n'y en aura jamais eu de semblable. »*

---

125.   — Voir notre étude : « *Le Saint Pape et le Grand Monarque.* »

126.   — Pour étudier ces différentes prophéties voir les ouvrages suivants :
• Baron de Novaye, « *Demain* » ;
• Elie Daniel, « *Serait-ce vraiment la fin des temps* » ;
• Albert Marty, « *Alerte au Monde* » et « *Le monde de demain vu par les prophètes d'aujourd'hui* » ;
• J. Johannis, « *Le Monde en feu* » ;
• Gilles Lameire, « *Le déluge de sang* », etc. ... ainsi que les ouvrages que nous avons déjà citée.

Au siècle suivant, la petite Marie des Terreaux :

> « *La légitimité sera reconnue… il se fera un troisième miracle qui étonnera l'univers et mettra fin à la révolution : un bras de fer surgira miraculeusement, armé d'une grande puissance pour venger les outrages faits à Dieu et à la Royauté… »*

Ainsi, une fois de plus, les faits d'ordre surnaturel, ne séparent jamais Dieu de la Royauté, marquant leur inséparabilité et le caractère sacré et divin de celle-ci.

Entre beaucoup d'autres, citons :

Le 20 novembre 1843, à Marie Lataste, Religieuse du Sacré-Cœur, Notre-Seigneur dit :

> « *Le premier Roi, le premier Souverain de la France, c'est moi*. Je suis le Maître de tous les peuples, de toutes les Nations, de tous les Royaumes, de tous les Empires, de toutes les dominations. *Je suis particulièrement le Maître de la France…*

> « *J'ai choisi la France pour la donner à mon Église comme sa Fille de Prédilection …* Pendant des siècles la France a protégé mon Église ; elle a été mon instrument plein de vie, le rempart indestructible et visible que Je lui donnais pour la protéger contre ses ennemis.

> « Du Haut du Ciel, Je la protégeais, elle, ses Rois et leurs sujets » … Et il poursuit, se plaignant :

> « *Elle brise le trône de ses Rois … Je lui ai suscité des Rois, elle en a choisi d'autres à son gré*. N'a-t-elle pas vu, ne voit-elle pas que Je me sers de sa volonté pour la punir, pour lui faire lever les yeux vers Moi [127] ? »

Mélanie, la bergère de la Salette :

> « C'est Lucifer qui gouverne la France … Dieu nous donnera un *Roi caché* auquel on ne pense pas … *Dieu seul le donnera*.

C'est donc bien que Dieu veut le Roi de France, puisque c'est Lui, et Lui seul, qui le donnera …

Maximin avait reçu ordre de la Sainte Vierge de faire connaître la Survivance de Louis XVII au Comte de Chambord.

---

127.   — Abbé Pascal Darbins, « *Vie de Marie Lataste* », t. III, pp. 320 et 321.

Après l'entretien que le Prince eut avec le Messager marial, il déclara au Comte de Vanssay, son secrétaire et gentilhomme de service :

> « Maintenant, j'ai *la certitude que mon Cousin* Louis XVII existe. Je ne monterai donc pas sur le Trône de France. *Mais Dieu veut que nous gardions le secret. C'est* Lui Seul *qui se réserve de rétablir la Royauté.* »

À Tilly sur Seulles, la Sainte Vierge déclare à Marie Martel :

> « *La République tombera, c'est le Règne de Satan.* Priez, mes enfants pour *le Roi qui va venir.* »

Et, souvent, Elle dit :

> « *Prie Jeanne d'Arc* (128) *!* »

À Kerizinen, la Reine du Ciel dit à Jeanne-Louise Ramonet :

> « *C'est le peuple de France que j'ai choisi pour renouer les liens brisés du monde avec Dieu.*
>
> « La France, cette France qui M'est si chère … *Je l'ai choisie* pour être l'escabeau de mes pieds … Je descends pour relever et *sauver la France.* Dans quelques temps, *Je lui donnerai un grand chef, un Roi.* Elle connaîtra alors un tel redressement que son influence spirituelle ! sera prépondérante dans l'Univers … Croyez en *son salut miraculeux, en son sauveur prédestiné* (129). »

Et Elle précise que c'est par la France que le monde se consacrera aux deux Cœurs unis dans le Saint-Esprit.

Marie-Julie Jahenny a reçu de nombreux Messages concernant le Saint Pape et le Grand Monarque. Citons seulement ces quelques visions particulièrement émouvantes et instructives de la volonté divine touchant la Royauté en France ; et tout d'abord le jugement et la mise au tombeau de la France :

> « … Après une lutte, de la France qui refuse les secours de saint Michel et ensuite celui de la Sainte Vierge, Celle-ci enchaîne

---

128.   — Marquis de l'Espinasse-Langeac, « *Historique des apparitions de Tilly* », pp. 491 et 494.

129.   — « *Messages du Ciel donnés à Kerizinen* » – 6 mars 1949 – 28 avril 1959 – 19 mai 1948 – 1er octobre 1955 – 1er juin 1956.

la France et l'oblige à La suivre. Elle est amenée aux pieds de Jésus qui la juge et passe en revue tous ses crimes, puis Il lui dit :

« *Où est la fleur blanche (le lys, symbole du Roi) qui faisait la couronne radieuse de ton front ?*

« La France : ils m'ont ôté ma couronne blanche …

« Notre-Seigneur : *Lève ton front et tes yeux vers Moi.*

« La France : Seigneur, je ne suis pas digne de Vous regarder, je ne pourrai Vous voir ; je suis aveuglée par mes crimes …

« Jésus lui présente le *lys* en lui disant : *France coupable, le connais-tu ?*

« La France avoue son péché …

« Notre-Seigneur : *France coupable accepte ce lys, je te le donne !*

« La France répond : Celui qui a fait mon malheur n'est plus. Il m'avait fait croire que la Couronne de Lys serait ma perte ; *Il m'a jetée dans les ténèbres.* Seigneur, je ne puis en sortir sans Vous. »

Mais la France repousse toujours la Croix, car la Croix c'est la souffrance … La Sainte Vierge et saint Michel soutiennent la France. Mais Notre-Seigneur ordonne à l'Archange et aux bons Anges de creuser une tombe pour la France afin qu'elle rentre dans la terre pour en ressortir plus tard, glorieuse et triomphante …

Saint Michel reproche alors aux francs-maçons d'avoir séduit la France et leur annonce qu'il les réduira en cendres … Ils répondent :

« *On veut couronner la France de Lys, nous lui donnerons pour couronne et diadème le ruban rouge … »*

Mais le salut est annoncé et promis, la France ressortira du tombeau.

Le 25 août 1874, Marie-Julie voit le Roi Saint Louis qui dit :

« Je reviens faire l'alliance du Ciel et de la terre … Je veux que la France abjure ses erreurs. Marie-Immaculée me donne des pouvoirs et des grâces. Je donnerai à la France par mes prières un nouveau baptême, puis après je lui rétablirai son trône. »

Notre-Seigneur, le 11 mai 1877 :

« J'abrégerai le temps des châtiments … *pour donner plus vite le Roi choisi et élu par mon Divin Cœur.* Je peuplerai la terre de France de fleurs, c'est-à-dire des cœurs purs et généreux, repentants, *qui aimeront la Sainte Église, le. Saint-Père et le Roi.* »

La Sainte Vierge, le 3 septembre 1877, parle du « beau *lys* blanc de son Cœur » :

> *« Le lys s'étend, s'étend et devient si large qu'il me semble voir des yeux de mon âme qu'il couvre la France tout entière. »*

Notre-Seigneur, le 22 mars 1881 :

> *« Toutes mes paroles prophétiques véritables, ô Roi de l'exil, t'appellent et t'acclament… Je te rendrai à tes sujets et à ton peuple… O Roi, Enfant du Miracle, …. sous son règne, au jour de fête de mon Divin Cœur, la France entière portera dans ce jour des couronnes de lys mélangés de roses blanches et son Royaume deviendra une terre nouvelle et tout mon peuple bénira ma bonté. »*

Le 6 décembre 1877 :

> « C'est au milieu de ces grands événements » que paraîtra le Grand Monarque ; « *La voix du Ciel appellera le Sauveur de la France ; Il passera sain et sauf au milieu de toutes ces armées furieuses pour être couronné avant que ces combats soient finis, pour recevoir la couronne sacrée.* »

Notre-Seigneur, la Très Sainte Vierge et l'Archange Saint Michel ne cessent de l'appeler :

> *« L'Homme de Dieu, l'appelé de l'éternel, le juste, la paix et le salut de son peuple. »*

> *« Je viendrai le placer au milieu de mon cœur et mon cœur sera au milieu de la Patrie. Non,* jamais, pauvre France, tu ne seras gouvernée par un autre Roi que *ce Roi de mon choix … La Royauté rentrera dans ses droits.* Maintenant, il ne reste qu'a prier … »

Et Marie-Julie le voit venir avec son *Drapeau Blanc* … « *Où sera gravé mon Sacré-Cœur* » dit Notre-Seigneur [130].

> « Le salut sortira du centre de son Sacré-Cœur, ou pour mieux dire celui destiné à apporter la paix. *Avec son couronnement tous les maux finiront.* Mes enfants. *Il descend de la branche de Saint Louis …* »

---

130. — Ces extraits proviennent de « *Journal de l'Abbé David* », XV-73 – XI-68, XX-57, et des « *Prophéties de Marie-Julie* » par le Docteur Imbert-Goubeyre, chap. XVII, XX et XXI.

Elle a la vision du Saint Pontife :

> « La Bonne Mère essuie les larmes du Vieillard.., puis, sous ses habits, Elle passe une *branche de lys à cinq feuilles d'or*, en lui disant : « *Voilà ta force et ta consolation.* »

> « Tous les Anges sont là, au pied du Trône Céleste avec la Sainte Vierge qui offre à Son Divin Fils une belle bannière blanche ornée de *deux fleurs de lys* (le Saint Pape et le Grand Monarque). *La Sainte Vierge présente la couronne du Pape,* que le Roi libérera.

De quinze jours en quinze jours, Marie-Julie a toute une série de visions sur la France qui est dans le tombeau, mais que Notre-Seigneur et la Reine du Ciel vont ressusciter :

> « Jésus-Christ lui couvre la tête d'un voile éclatant de blancheur puisqu'il arrache de Son Cœur un *lys* fleuri et le plante dans le cœur de la ressuscitée.

Quinze jours après, Marie-Julie voit la France ... presque montée au dernier degré du Trône sur lequel le Christ est assis ... la France aussitôt se pare d'un manteau blanc couvert de *lys d'or* qui l'enveloppe des pieds à la tête. Et dans la vision suivante, la France se présente *toute vêtue de blanc et de fleurs de lys* ... De son cœur sortait le *lys que Jésus-Christ y avait déposé* ... À la droite du Trône divin était le Saint Pontife, à gauche le Roi. Il monte à son tour, mais un peu moins haut que le Pape et reçoit, lui aussi, les divines promesses. Il est le Fils bien-aimé de la Vierge et *Il régnera avec son drapeau symbole de pureté et de gloire* (le drapeau blanc fleurdelysé). Cependant tous les grands saints qui protègent la France planaient alentour. Au premier rang, revêtu de ses armes, saint Michel semblait attendre fièrement l'heure de la lutte contre le mal.

> « Trois semaines après, c'est toujours le Roi *amené par la Sainte Vierge,* qui l'aime comme son Fils à cause de son innocence. Il apparaît en Souverain couronné de grandeur et ombragé par les plis de son drapeau. Bientôt le tableau change et se complète : la France suit son Chef légitime, marche reposée sur le Cœur de la Vierge et sa petite couronne se transforme en diadème de victoire. Le Sacré-Cœur s'unit à Marie pour l'assurer de Son Amour et lui

annoncer une fois de plus qu'Il vaincrait ses ennemis *dans un triomphe sans égal.* « La France est sauvée ! la France est sauvée ! » répète sans cesse Marie-Julie. Les bons amis du Sacré-Cœur sont groupés en masses profondes derrière la France, précédés de tous les Saints qui protègent la Fille Aînée de l'Église. »

Dans une autre vision, Marie-Julie voit Notre-Seigneur s'adresser à la France :

« J'enverrai saint Michel, Prince de la Victoire, apporter le *lys* au chevet de ta tête », et la sainte Vierge ajoute : « Mon Divin Fils et Moi avons réservé la Fleur de Lys. Restez fidèles, enfants … »

Et cette autre vision : Saint Michel découvre l'Étendard de la France et s'écrie :

« À nous la victoire ! C'est le petit nombre qui sera vainqueur ! » *La Sainte Vierge s'avance, présente le Lys et la Couronne…* Notre-Seigneur s'adresse au Roi :

« O Fils bien-aimé, toi qui depuis si longtemps foule la terre étrangère, ne vois-tu pas le chemin où J'enverrai à ta rencontre les Princes des Armées Célestes, mes Séraphins, mes Chérubins avec leurs ailes, afin que ce triomphe soit beau comme celui d'un *Roi de prédilection et de bénédiction ?* Mon Fils bien-aimé, sèche tes pleurs, *le Lys sera ton Frère* (le Saint Pape), et Ma Mère sera ta Mère (le Grand Roi est orphelin depuis sa jeunesse), et *c'est sur ton front que le Lys s'épanouira sur ton Trône et de ton Trône sur la France,* ton Royaume réservé, et de là *au dehors des frontières françaises, jusque sur la Ville Éternelle.* »

Saint Michel reprend :

« *J'ai porté les Fleurs de Lys* (le Saint Pape et le Grand Roi) *dans le Cœur de Jésus, et du Cœur de Jésus dans le Cœur du nouveau Roi, par le Cœur d'un Roi qui a donné son sang et que l'Église béatifiera.* (Louis XVI ; ce qui pourrait indiquer que l'un et l'autre descendraient du Roi-Martyr.)

Marie-Julie ajoute :

« Le triomphe des vivants sera beau quand *la Sainte Église,* aujourd'hui entourée d'épines, *se verra entourée d'une Couronne de Lys dOr !* » Le Saint Pape, le Grand Roi et les Princes des Lys, qui doivent régner sur le monde et assurer le triomphe des Saints Cœurs, de Dieu et de l'Église en même temps que celui de la France [131]. »

Le vendredi saint 1915, Jeanne Vergne a la vision de l'ange de la résurrection de la France parcourant « l'univers pour annoncer aux nations la résurrection de la France. » Et à Pâques 1924, Notre-Seigneur lui dit : « *Tu crois ô ma résurrection ? Eh bien ! Crois à la résurrection de la France...* » Une autre fois, elle a la vision de la France *Apôtre des deux Cœurs,* confirmant ainsi à l'avance les révélations de Kerizinen [132].

SAINT LOUIS

Le 19 août 1239, les reliques arrivent en procession à Paris. Le roi délaissant sa parure royale, endosse une simple tunique et, pieds nus, porte la couronne d'épines jusqu'à Notre-Dame de Paris. Pour conserver ces reliques, il fait édifier un reliquaire monumental : la Sainte-Chapelle.

131.　— Voir notre étude : « *Marie-Julie : sa vie et ses prophéties.* » L'auteur a la garde du plus important dossier des documents concernant la pieuse stigmatisée et en a extrait les citations ci-dessus.

132.　— Jeanne Vergue, « *Une voix.* »

Chapitre VI

**Pourquoi tant de privilèges et de miracles
en faveur des seuls rois de France ?
Parce que leur race est celle
de David et donc celle du Christ**

Plusieurs âmes privilégiées affirment que la Race des Rois de France ne serait autre que celle de David — donc celle même de Notre-Seigneur et de la Vierge Immaculée. Il serait alors normal, logique, que ce soient les Princes de cette Race — divine en un de ses membres — qui soient appelés à régner sur le monde, lors du grand triomphe du Christ et de Son Église…

Approfondissons donc la question et étudions le problème en esprit de foi…

Joseph de Maistre, relevant cette expression de l'Écriture : « C'est Moi qui fais les Rois », ajoute :

> « Ceci n'est point une métaphore, mais une loi du monde politique. Dieu *fait* les Rois au pied de la lettre. Il prépare les races royales ; il les mûrit au milieu d'un nuage qui cache leur origine. Elles paraissent ainsi couronnées de gloire et d'honneur. »

C'est Dieu en effet qui établit la Royauté.

Il la fait reposer sur deux principes qui se complètent réciproquement : l'hérédité et la primogéniture mâle. Il veut, en outre, choisir la Race Royale par excellence, celle de David, parce qu'elle devait donner naissance à Son Divin Fils.

Mais si le principe de l'hérédité mâle demeurait intangible[133], il n'en était pas de même de celui de la primogéniture. Dans des cas exceptionnels. Dieu se réservait en effet d'y déroger en faveur du Prince le plus digne de régner.

Ainsi, parmi les enfants d'Isaïe, Il choisit non l'aîné, mais le plus jeune, le huitième, David :

> « Je l'établirai le *premier né* d'entre ses frères et Je l'élèverai au-dessus des Rois de la terre[134]. »

Ce n'est pas non plus l'aîné de David que Dieu *Choisit* pour succéder à son père, mais le dixième, Salomon, *choix divin reconnu et admis par l'aîné*, Adonias :

> « Vous savez que la couronne m'appartenait et que tout Israël m'avait choisi, par préférence, pour être Roi ; mais le royaume a été transféré et il est passé à mon frère, parce que c'est le Seigneur qui le lui a donné[135]. »

C'est ce que David tint à affirmer à plusieurs reprises[136].

En France, il en est absolument de même. Dans son *Testament*, incontestablement inspiré et que Saint Pie X recommandait aux Français comme un trésor, saint Rémi proclame que Dieu a « *choisi délibérément* » la Race de Mérovée « *pour régner jusqu'à la fin des temps* » sur notre Pays. Le grand thaumaturge affirme pratiquement l'*unité de Race de nos Rois*, et ajoute, pour mieux confirmer notre foi et illuminer nos intelligences :

> « *Qu'en tout et toujours il garde la perpétuité de sa force et l'inviolabilité de sa durée*[137]! »

---

133. — Rois, II, ch. vii. La loi des enfants d'Adam, dont il est question au verset 19, n'est autre que la future Loi Salique, quand à l'hérédité. Cela ressort nettement de tout ce chapitre.

134. — *Psaume 88 – Rois*, Livre I, ch. 16, versets 1 à 13.

135. — *Rois*, Livre III, ch. ii, verset 15.

136. — *Paralipomènes*, I, ch. xviii, versets 4 à 10, et xix, versets 1 à 23 et 25.

137. — Voir notre ouvrage : « *La Mission divine de la France* » et notre conférence « *saint Rémi, Apôtre des Francs.* »

Mérovingiens, Carolingiens et Capétiens sont trois branches d'une seule et même race ... Cette unité de race de tous nos rois était une tradition jusqu'avant la Révolution. Dans sa « *Description de la France* » Piganiol de la Force écrit :

> « Le Royaume de France a commencé l'an de l'ère vulgaire 420 et depuis ce temps-là, a toujours été successif de mâle en mâle et gouverné par soixante-cinq *Rois tous issus de la même Maison* [138] ... »

---

138. — Piganiol de la Force, « *Description de la France* », t. I, p. 7.

Dom Merle, historiographe de Bourgogne, a dressé la généalogie de Charlemagne et de Hugues Capet et indique à l'un comme à l'autre l'aïeul de leur lignée salique, Pépin le Gros qui eut deux fils : Charles Martel, auteur des Carolingiens et Childebrand I, auteur des Capétiens, dans « *Art de vérifier les dates* » par un Bénédictin, tableau inséré entre les pages 566 et 567, édition de 1783. Voir aussi le même ouvrage, p. 548 ; et Chazot de Nantilly : « *Généalogies des Maisons Souveraines* » tome III, tableau XXIII, p. 88. Etc. ... Très exactement. Monseigneur Delassus écrit :

> « C'est une erreur de faire remonter l'avènement à la Couronne Royale de la Famille des Ducs de France, seulement à Hugues Capet et à 987.

> « Hugues Capet avait des droits et des titres valables à la Couronne de France, même avant que l'assemblée de Senlis, l'Élection de Noyon, le Sacre de Reims, les eussent fixés définitivement sur sa tête et dans sa Maison.

> « Il était petit-fils et petit-neveu masculin et Héritier de Robert Ier et d'Eudes, tous deux Rois de France et tout deux sacrés, et d'Arnould, roi d'Aquitaine.

> « Il était en possession personnelle et de droit et de fait, de presque toute la France puisqu'il était déjà : Duc de France, Duc de Neustrie, Duc de Bourgogne, Comte de Paris, Comte d'Orléans. Comte d'Anjou, Comte de Poitiers, Comte de Tours, Comte du Maine, Comte du Perche, Comte de Chartres, Comte de Blois, Comte de Gâtinais, Comte d'Amiens etc. ...

> « Depuis 860, ses ancêtres, qui avaient protégé l'Église et défendu victorieusement la France contre les Normands et les Germaine, et préservé Paris de leurs invasions, possédaient et gouvernaient ces immenses territoires. (« *Mission posthume de Jeanne d'Arc et le règne social de Notre-Seigneur Jésus-Christ* », note 1.)

En vertu du « CHOIX DIVIN », Dieu avait ainsi préparé cette branche

Quant au choix divin sur les membres les plus dignes de la Famille Royale, il s'est exercé également en France ; Piganiol de la Force continue :

> « La Loi Salique, qui est la Loi fondamentale de cette Monarchie en exclut les filles et elle a toujours été inviolablement observée à leur égard. Elle l'a été aussi quant aux mâles, mais il y eut de la différence dans la manière. Sous les deux premières races, les Français élisaient pour leur Roi le Prince *le plus digne* de leur commander, *pourvu qu'il fut issu par mâle du sang royal* ; c'est à cette liberté de choix que Pépin et Hugues Capet furent redevables de leur élection, quoiqu'ils ne fussent pas les plus proches héritiers de leurs prédécesseurs. Dans la troisième race au contraire, les Princes issus du sang royal par mâles ont toujours été appelés à la Royauté par l'ordre et la prérogative de leur naissance, le plus proche a toujours exclu celui qui l'était moins [138]. »

Ainsi, la Providence a voulu choisir les trois branches de la Race Royale au moment où dans sa prescience des événements, Elle savait que chacune d'elle serait la plus digne de régner et assigna à chacune une mission particulière : les Mérovingiens devant catéchiser les peuples, les carolingiens les baptiser et les Capétiens les sanctifier.

À l'origine, — bien que la plupart du temps ce fût l'aîné qui régnait naturellement — le choix se portait donc sur le plus digne, le plus courageux, parmi les Princes de la Race Royale et non pas forcément sur l'aîné, à l'exemple de ce qui s'était passé dans l'Ancien Testament. On comprend cependant que, sous la troisième branche, on ait été amené à fixer d'une manière rigoureuse l'ordre

---

de la Maison Royale à monter sur le Trône lorsqu'il deviendrait nécessaire que le « *CHOIX DIVIN* » s'exerçât « *SUR LE PLUS DIGNE DE RÉGNER* » pourvu qu'il fût « *DU SANG ROYAL* ». Or il l'était bien puisqu'il descendait saliquement au septième degré de Pépin le Gros, père de Charles Martel qui fut l'auteur des Carolingiens, et de Childebrand Ier qui fut l'auteur des Capétiens. (Voir : « *Art de vérifier les Dates* », par les Bénédictins, tome I, le tableau généalogique d'après Dom Merle, historiographe de Bourgogne, entre les pages 566 et 567. sous le titre : « *Généalogie de Charlemagne et de Hugues Capet.* »)

de succession au Trône, afin d'éviter les compétitions et d'assurer ainsi plus de tranquillité, de stabilité et de continuité au Royaume.

De quoi demain sera-t-il fait ? C'est le secret de Dieu.

Ce que l'on peut dire, sans être taxé de légèreté, c'est qu'en présence de la perturbation générale et des catastrophes imminentes, il semble bien que le monde touche à la fin des temps — qui n'est pas la fin du monde — et soit à la veille de la *restauration miraculeuse de la Royauté* annoncée par un nombre considérable de prophéties [139], que le Roi qui montera sur le Trône sera le Grand Monarque qui doit être *le plus grand de tous les Rois*. Dans ce cas, il ne serait pas rigoureusement nécessaire — surtout après un interrègne aussi long — que la Providence portât *son choix forcément sur l'Aîné, mais sur le plus saint et le plus digne*. Peut-être, s'il n'était pas l'Aîné et si son caractère religieux ne lui permettait pas d'avoir une postérité, aurait-il alors pour mission, une fois l'ordre divin rétabli, de faire monter l'Aîné sur le Trône et de rétablir ainsi la Loi Salique dans toute sa rigueur. Certaines prophéties pourraient le laisser supposer, qui parlent de deux personnages : le Grand Monarque et le Grand Roi, ce dernier devant succéder au premier.

Notre-Seigneur, tout en faisant prier pour le règne du Comte de Chambord, déclarait à Marie-Josèphe Lavadoux, à partir de 1877, que la descendance de Louis XVII existait ; ce qui provoqua chez les Légitimistes une profonde surprise : Comment Dieu pouvait-Il demander qu'on travaillât à l'avènement d'Henri V puisque ce serait violer la Loi Salique ? Notre-Seigneur répondit que le Comte de Chambord avait été *choisi* parce que Dieu voulait son esprit et qu'il aurait ensuite pour mission de préparer le règne de la Descendance de Louis XVII [140].

Quelle lumière projette cette réponse divine ! Elle confirme formellement le principe du *Choix Divin*. N'était-ce pas en vertu de ce principe que Notre-Seigneur avait *choisi* non l'Aîné — qu'il eût fallu préparer à sa mission royale providentielle ? mais *le plus digne*, le Comte de Chambord ?

139. — Voir les ouvrages indiqués dans la note n° 126 de la présente étude.

140. — Marie-Josèphe Lavadoux, « *Écrits prophétique.* »

Et Marie-Josèphe Lavadoux ajoute :

> « Malgré ce que je dis de préparer les voies de Dieu, Notre-Seigneur
> veut me cacher jusqu'au dernier moment celui qu'Il trouvera
> *digne* d'être le Sauveur de la France. Et Notre-Seigneur demande
> le concours des hommes par une foi docile et humble dans ses
> avertissements. Que l'homme fasse ce qu'il doit faire, et Dieu
> fera le reste [141]. »

Ainsi, c'est Dieu qui a *choisi* sous l'Ancien Testament la Race
de David — à laquelle Il a promis qu'elle régnerait jusqu'à la
consommation des siècles — et sous le Nouveau celle de Mérovée,
qui, par la bouche de saint Rémi, a reçu les mêmes promesses.

C'est sur ce *Droit Divin* que repose le Droit Royal en France
et c'est donc très légitimement que les Rois de France pouvaient
se dire « *Roi par la grâce de Dieu* » car ils jouissaient d'un très réel
et véritable *Droit Divin*.

Les constatations de Blanc de saint Bonnet le confirment :

> « Quand Celui qui sonde les cœurs et les reins *choisit* une famille
> parmi toutes les autres, son *choix* est réel et divin. Celle-ci le
> prouve bientôt (quoique la liberté lui reste pour recueillir ou
> dissiper ses dons) en fournissant plus de législateurs, de guerriers
> et de saints que les familles les plus nobles, bien qu'en ce point,
> celles-ci l'emportent déjà sur les autres dans une proportion
> prodigieuse [142]. »

Monseigneur Delassus ajoute :

> « L'œuvre qu'elle accomplit marque la main qui l'a choisie, la
> soutient et la guide [143]. »

Cette œuvre, c'est la France :

> « Parti du néant, *écrit Taine*, le Roi de France a fait un État
> compact qui (au moment où éclate la Révolution) renferme

---

141.   — Marie-Josèphe Lavadoux, *op. cit.,* p. 63.

142.   — Blanc de Saint Bonnet, « *La Légitimité* » et « *La Monarchie
Française.* » Les statistiques ont établi que les Maisons Royales ont donné quatre
cents fois plus de saints que la noblesse et vingt mille fois plus que le peuple.

143.   — Mgr Delassus, « *L'esprit Familial* », p. 22.

vingt-six millions d'habitants et qui est alors *le plus puissant de l'Europe*. Dans tout cet intervalle, il a été le chef de la défense publique, le libérateur du pays contre les étrangers.

« Au dedans, dès le XIIᵉ siècle, le casque en tête et toujours par les chemins, il est grand justicier, il démolit les tours des brigands féodaux, il réprime les excès des forts, il protège les opprimés, il abolit les guerres privées, il établit l'ordre et la paix : Œuvre immense qui, de Louis le Gros à Saint Louis, de Philippe le Bel à Charles VII et à Louis XI, de Henri IV à Louis XIII et Louis XIV se continue sans s'interrompre.

« Cependant, toutes les choses utiles exécutées par son ordre ou développées sous son patronage, routes, canaux, asiles, universités, académies, établissements de piété, de refuge, d'éducation, de sciences, d'industrie et de commerce portent sa marque et le proclame bienfaiteur public [144]. »

C'est aussi l'ordre et la paix assurés dans le monde et les conditions favorables à l'évangélisation et au rayonnement de l'Église, dont la Royauté Française a toujours été l'épée quand elle voulait vaincre, le bouclier quand elle était attaquée : c'est l'apostolat des Rois, Princes ou Princesses de la Maison de France qui convertit l'Angleterre, la Saxe, la Lithuanie, etc. … ; leur vaillance qui brise l'invasion musulmane et entraîne le monde chrétien aux Croisades ; enfin, ce sont les premières missions auxquelles ils assurent leur protection, leur appui et leurs subsides et qui amèneront, peu à peu, la conversion du Nouveau Monde. Partout, en Orient, aux Antilles, au Canada, en Amérique du Nord, au Sénégal, à Madagascar, à l'Île Bourbon, en Inde et jusqu'en Indo-Chine, le désir d'évangéliser et de civiliser prime tout, et nos Rois donnent les ordres en conséquence. Là encore, ils sont les modèles à suivre [145].

---

144.   — Taine, « *Les origines de la France contemporaine – L'Ancien Régime* », pp. 14 et 15.

145.   — E. Jarry, dans « *Les Missions Coloniales françaises* » (*Almanach Catholique Français* 1931, p. 264) écrit :

« Ce qui frappe l'historien, quand il étudie les interventions du pouvoir central dans la fondation de nos vieilles colonies, c'est d'y trouver PLUS QUE DES PRÉOCCUPATIONS COMMERCIALES ET POLITIQUES, LE DÉSIR DE

Le rayonnement de la Maison de France dans le monde est unique : treize couronnes dont sept de rois et d'empereurs.

« *Au point de vue surnaturel, sa primauté s'accentue : de toutes des maisons souveraines catholiques, elle s'honore d'être celle qui a le nombre le plus considérable de saints avérés* [146] », sans compter les canonisations en cours et celles dont les procès ne sont pas encore ouverts.

Le Père Charton passe en revue les bienfaits spirituels que nous a valus la Maison de France, et qui demeurent :

> « Ce qui reste, enfin ? la Foi qu'ils nous ont donnée, la France qu'ils nous ont faite et conservée, les beaux exemples qu'ils nous ont laissés dans la personne des saints (de leur sang) et l'admirable patrimoine de vertus humaines et divines à la formation duquel ils ont présidés et qui est la plus précieuse richesse de la nation.

CIVILISER ET D'ÉVANGÉLISER, DE FAIRE NAÎTRE AUX LOINTAINS RIVAGES UNE NOUVELLE FRANCE CATHOLIQUE ET APÔTRE, et cela, qu'il s'agisse de Richelieu ou de Colbert.

« Ainsi, la vocation missionnaire de la France s'inscrit dans les actes officiels ; elle est reconnue, affirmée, favorisée, traduite en obligations juridiques très précises par les gouvernants qui n'ont d'autre pensée QUE DE REMPLIR EN CHRÉTIENS LEURS DEVOIRS DE CHEFS D'ÉTAT, de ministres, mais QUI SAVENT QUE LA FRANCE A DANS L'ÉGLISE UN RÔLE À JOUER ET QU'IL N'Y A RIEN QUI LA GRANDISSE ET L'ENNOBLISSE COMME L'APOSTOLAT MISSIONNAIRE. » Comme de faire connaître et aimer le Christ, comme de Lui donner des âmes. Et cet apostolat ne se ralentit pas jusqu'à la Révolution, ainsi que le prouve l'Ordonnance de Louis XVI, en date du 24 novembre 1781 :

> « *Voulons que nos dits Gouverneurs, Lieutenant Général et Intendant fassent honorer et respecter lesdits supérieurs et missionnaires dans les fonctions de leur ministère. (Art. III.)*

> « *Le Préfet Apostolique veillera particulièrement à ce que les esclaves, dans chaque paroisse, reçoivent de leur curé les instructions nécessaires et les sacrements de l'Église ; et dans le cas où il aurait connaissance de négligence ou empêchements de la part des maîtres en donnera avis au Gouverneur, Lieutenant Général ou Intendant afin qu'il y soit par eux pourvu. »* (Art. X.)

146.   — L. de Beauriez, « *Robert le Fort et les origines de la race capétienne* » pp. 106 et 107.

« Ces vertus, dirons-nous qu'ils les ont incarnées en leur
personne ? On peut l'affirmer sans folle audace. Ils nous les
ont communiquées, et nous en vivons. Ce que nous avons, ce
que nous sommes, ils le possèdent et ils le sont éminemment,
premiers dans le chemin de la foi, de l'honneur, du martyre.
Ils nous enseignent comment on vit, comment on meurt.
S'ils tombent, ils nous apprennent la pénitence, le repentir,
la réparation du dommage causé à la foi et aux mœurs. Ils savent
pleurer sur le malheur d'autrui. Jamais cœur ne fut plus tendre
que leur cœur, ni main plus largement ouverte que la leur. Leurs
écrits sont marqués au coin de la sagesse et de la mesure [147].
Qui lira, par exemple sans prévention, les *Mémoires* de Louis XIV
ne pourra s'empêcher d'y admirer son robuste bon sens chrétien,
sa foi profonde, et son respect souverain pour Dieu et les enfants
de Dieu, toutes qualités qui sont la base des sociétés civilisées
et en dehors de quoi tout est chaos et barbarie. On croirait ces
pages signées de Saint Louis. Or elles furent vécues en même
temps qu'écrites. Elles sont le monument éternel élevé à la
gloire de l'esprit et du cœur de la France par l'esprit et le cœur
du plus grand de ses Monarques. »

Et il ajoute :

« Famille Capétienne, famille qui remplit huit siècles d'histoire sur
tous les Trônes d'Europe : famille féconde en grands hommes,
famille sainte entre toutes les familles connues, régnantes ou
autres ; famille qui a présidé à l'élaboration de ce chef d'œuvre
divin, la France mère des saints [148] « ainsi que l'a reconnu un
Pape. Mais si la France a pu l'être, en effet, ne le doit-elle pas, en
partie, grâce au sage gouvernement du Roi dont le but — ainsi
que le proclame Louis XIII dans son *Acte de Consécration de la
France à la Sainte Vierge* — était que (dans le Royaume) *Dieu y
soit servi et révéré si saintement que nous et nos sujets puissions arriver
heureusement à la dernière fin pour laquelle nous avons été créés.* »
(le Ciel.)

147.　— Gabriel Boissy, « *Pensées choisies des Rois de France* » (recueillies et
annotées par) chez Grasset, 1920.

148.　— R.P. Charton, « *Les Saints de la Famille Capétienne* », introduction
pp. XXIV, XXV, XVI et XVII.

Ainsi c'est Dieu le Père qui a *choisi la tribu de Juda et la maison de David* pour régner sur Israël, parce qu'elle devait donner le jour à Dieu le Fils, et c'est le Christ qui a *choisi la maison de Merovée* pour régner sur la France. De par la volonté divine c'est la même Loi qui régissait la succession au Trône dans la Royauté d'Israël et dans la Royauté française.

Ce ne sont pas les seuls rapprochements que l'on peut faire entre le Peuple de Dieu sous l'Ancien Testament et la « Tribu de Juda de l'Ère nouvelle ». Il en est d'autres qui méritent de retenir l'attention, notamment les promesses et *les serments solennels faits par Dieu à David et à Clovis par lesquels Il s'engage formellement à maintenir leur Race sur le Trône jusqu'à la fin des temps.*

Tout au long de l'Ancien Testament, Dieu ne cesse de vouloir se lier par serment au peuple juif et avec ses chefs. Il conclue avec eux un pacte, une alliance et en renouvelle l'acte lors des grands tournants de l'histoire d'Israël, comme Il le fera avec la France et ses Rois chaque fois que le Royaume courra un péril qui mettra en jeu l'existence même du Pays, au temps de Clovis et de Saint Rémy, de Charles VII et de Jeanne d'Arc, de Louis XIII lors du péril protestant, comme il a voulu le faire avec Louis XIV avant les attaques des sectes unies aux Encyclopédistes ... bien décidés à faire triompher la révolution luciférienne, et pendant la première guerre mondiale contre le péril germano-soviétique.

Avec Noé et ses fils :

> « Dieu parla encore à Noé et à ses fils avec lui, en disant : Voici
> « *J'établis mon alliance avec vous et avec votre postérité après*
> *vous ...* » (*Genèse*, IX, ver. 8 et 9 ; voir aussi : *Genèse*, XV. ver. 18.)

Avec Abraham, âgé de quatre vingt dix neuf ans et sa femme, Sara de quatre vingt dix ans, alors que leur âge ne leur permettait plus la procréation :

> « Je suis le Dieu tout puissant. Marchez devant ma face et soyez
> parfaits. J'établirai mon ALLIANCE avec vous et Je multiplierai

votre race à l'infini ... Vous serez père d'une multitude de nations. Je vous rendrai fécond à l'infini, Je ferai sortir de vous des nations et des rois. J'établirai mon ALLIANCE entre Moi et vous et vos descendants après vous, dans la suite de leurs générations par un PACTE ÉTERNEL en vertu duquel Je serai votre Dieu et celui de votre postérité après vous ... » (*Genèse*, XVII, vers. 1 à 7, et aussi 15 à 19 ainsi que *Genèse*, XVIII, versets 18 et 19.)

Avec Jacob :

« Maintenant, écoutez, O Jacob, mon serviteur ! et, vous, Israël que J'ai choisi pour être mon peuple bien aimé ... Ne craignez point, 0 Jacob, mon serviteur, vous qui marchez dans la droiture du cœur et que *j'ai choisi pour mon héritage particulier, car je répandrai mon esprit sur votre postérité et ma bénédiction sur votre race.* » (*Isaïe*, XLIV : versets 1 à 3 ; voir aussi : *idem.*, XXXIII, versets 2 à 5 et *Exode*, VI, versets 2 à 5.)

Et encore :

« Juda est un jeune lion. *Le sceptre ne sera pas ôté de Juda ni le prince de sa postérité ...* » (*Genèse*, XLIX, versets 9 et 10.)

Et à David :

« Car ainsi parle le Seigneur : David ne manquera jamais d'un successeur assis sur le trône de la Maison d'Israël ... De même qu'on ne peut compter les étoiles, ni mesurer le sable de la mer, de même je multiplierai la race de David, mon serviteur. » (*Jérémie*, XXXIII, versets 14 à 17 et 22.)

Dieu ordonne au Prophète Nathan :

« Vous direz donc maintenant ceci à mon serviteur David : Voici ce que dit le Seigneur des Armées : Je VOUS AI CHOISI lorsque vous meniez paître les troupeaux, afin que Vous fussiez le Chef de mon peuple d'Israël. Partout où vous avez été, j'ai exterminé vos ennemis devant vous ... De plus, le Seigneur vous promet qu'Il fera votre maison puissante ... *Je mettrai sur votre Trône, après vous, votre fils et Je rendrai le trône de son royaume inébranlable à jamais. S'il commet quelques fautes, Je le punirai, mais je ne retirerai point ma miséricorde, comme Je l'ai retirée à Saül que J'ai écarté de devant ma face. Votre maison sera stable ; vous verrez votre royaume subsister éternellement et votre trône s'affermira pour jamais* (149). »

À plusieurs reprises, Dieu voulut confirmer ce serment :

« Le Seigneur a fait à David un serment véritable et il ne le trompera point. J'établirai sur votre trône le fruit de votre ventre (150). »

Le Psaume LXXXVIII est lumineux :

« Je conserverai à David éternellement ma miséricorde et je ferai subsister sa race dans tous les socles et son trône autant que les cieux. Si ses enfants abandonnent ma loi et s'ils ne marchent pas dans mes, préceptes, s'ils violent la justice de mes ordonnances et s'ils ne gardent mes commandements, Je visiterai avec la verge leur iniquités et Je punirai leurs péchés par des plaies différentes ; *mais je ne retirerai point de dessus lui ma miséricorde et je ne manquerai point à la vérité des promesses que je lui ai faites. Je ne violerai point mon alliance et Je ne rendrai point inutiles les paroles qui sont sorties de nies lèvres : J'ai fait à David un serment irrévocable par mon saint nom et je ne lui mentirai point : Je lui ai promis que sa race demeurera éternellement et que son trône sera éternel en ma présence comme le soleil … »*

Ainsi, Dieu a fait à David le serment irrévocable que ses descendants régneraient jusqu'à la fin des temps, et les termes de ce serment sont tels qu'ils ne s'appliquent pas seulement au sens mystique en la Personne du Christ qui régnera, en effet sur le monde éternellement, *mais à la race elle-même.* Que sont-ils devenus ? Quel Trône occupent-ils donc les fils de David et de ces Rois qui régnaient sur le peuple Élu de l'Ancien Testament ?

Saint Rémi va éclairer le mystère :

« Par égard seulement pour *cette race royale* (de Mérovée) qu'avec tous mes frères et co-évêques de la Germanie, de la Gaule et de la Neustrie, *J'ai choisie délibérément pour régner jusqu'à la fin*

---

149.   — *Rois,* Livre II, versets 8 à 29. C'est par avance la proclamation de la Loi Salique, qui permettra la réalisation des promesses de Dieu concernant la pérennité de la Race de David jusqu'à la consommation des siècles. Verset 19, il est ajouté : « *car c'est là la loi des enfants d'Adam.* »

150.   — Paralipom. Livre I, ch. XVII, versets 7 à 15, 26 et 27, et aussi le verset 17.

des temps au sommet de la majesté royale *pour l'honneur de la sainte Église* et la défense des humbles … j'ai arrêté ce qui suit. … (Suivent les malédictions en cas d'infidélité et les bénédictions s'ils persévèrent dans les voies du Seigneur.)

Et il achève :

« *Que de cette race sortent des Rois et des Empereurs qui, confirmés dans la vérité et la justice pour le présent et pour l'avenir suivant la volonté du Seigneur, pour l'extension de la Sainte Église,* puissent régner et augmenter tous les jours leur puissance et mériter ainsi de s'asseoir sur le trône de David dans la céleste Jérusalem où ils régneront éternellement avec le Seigneur. »

C'est la répétition presque mot pour mot du *serment fait par Dieu* à David, comme aussi celle des malédictions et des bénédictions.

C'est avec raison que le Comte de Chambord rappelait, le 2 décembre 1858 :

« Les Bourbons sont plus qu'une famille, ils sont une institution et dans une autre circonstance.:

« *Je ne suis pas un prétendant, mais un principe.* »

Pourquoi tant de miracles, à l'origine de notre Royauté ?

Pourquoi ces privilèges *uniques* accordés aux *seuls Rois de France,* celui de n'être sacré qu'avec *une huile sainte apportée spécialement du ciel par le Saint-Esprit lui-même* et cet autre *de guérir miraculeusement* les écrouelles ?

Pourquoi *ce sacre spécial* institué par l'Église pour les seuls Rois de France ?

Pourquoi cette *Loi Salique* dont la raison profonde, essentielle, fondamentale est que *nos Rois soient toujours de la même race ?*

Pourquoi tant de *miracles* au cours de l'Histoire de France, tant d'*apparitions* du Sacré-Cœur, de sa Divine Mère et de Saint Michel ?

Pourquoi la *mission transcendante* de notre Jeanne d'Arc dont le but était d'abord de *proclamer la royauté universelle du Christ* et *ensuite de maintenir sur le trône et de sauver le sang royal,* les deux choses étant absolument inséparablement liées ?

Pourquoi la royauté française est-elle la seule qui ait été fondée par le miracle, qui se maintienne :: et se perpétue par le miracle ?
Pourquoi ce privilège unique ?

Parce que la race de nos Rois n'est autre que celle de David, afin que cette Race, *divine en un de ses membres,* puisse régner jusqu'à la fin des temps et que ce soient toujours des princes de *la race du Christ qui soient les principaux auxiliaires de l'établissement du règne du Sacré-Cœur et du Cœur Immaculé de Marie sur le monde et qu'ils soient, en quelque sorte les continuateurs du Christ,* grâce à leur Royauté sur le Peuple Élu du Nouveau Testament [151]. »

---

151.   — Nous avons été heureux de trouver une confirmation de notre conviction dans l'ouvrage de Michel Servant, « *Veillez et Priez car l'heure est proche : il est midi moins cinq* », p. 837, note 5. Il mentionne un ouvrage dont il a eu les manuscrits entre les mains, de Michaël Faramersalve, « *Les Origines de la France. Origine des Gaulois, des Francs et de la Famille Royale, ou Recherches sur les origines de la France à la lumière des prophéties bibliques démontrées par l'histoire.* » L'auteur de cette étude s'appuie, dit Michel Servant, sur :

1. – Les traditions historiques.
2. – Sur les découvertes archéologiques des dernières décennies au Proche-Orient, pour montrer :

   1. La véritable origine des Francs et des Celtes aux VIIe et Ve siècles avant Jésus-Christ, de race aryano-sémitique, issus les uns et les autres en des temps différents et par des voies différentes du mélange des tribus sémitiques hébraïques de Palestine, les Judaïtes et les Danites, de la Tribu de Juda et de Dan, quatrième et cinquième fils de Jacob, venus s'établir au XVIIe et XVIe siècles avant Jésus-Christ au nord de l'Assyrie, aux confins de la Gaspienne au VIIe siècle avant Jésus-Christ.

   Les tribus aryennes descendraient de Gomer, fils aimé de Japhet, et dernier fils de Noé et frère de Sem. Ces tribus seraient les Gomariens, les Phrygiens, les Troyens et les Scythes. (Voir : Dom Augustin Calmet, « *Dictionnaire historique, critique chronologique géographique et littéral de la Bible* », 2e éd. de 1730, t. II, p. 640 pour Japhet, et p. 513 pour Corner.)

   2. La véritable origine et l'unité d'origine des Rois de France réellement issus de la Race de Juda et de David, en passant par la famille troyenne (Origines non contradictoires, mais complémentaires) de par sa race seule héritière et dépositaire pour le Nouveau Testament des Promesses faites à Abraham et à David.

De par Dieu, Jeanne d'Arc n'écrivait-elle pas au Roi d'Angleterre :

« *Faites raison au Roi du Ciel de Son sang royal* [152] *!* »

Oui vraiment, le peuple Juif sous l'Ancien Testament, et le Royaume de France sous le Nouveau, peuvent s'appliquer ce passage de l'Écriture :

> « Est-il sur la terre une seule nation qui soit comme votre peuple, comme Israël, que Vous avez choisi pour en faire votre peuple dans lequel vous avez rendu votre nom célèbre par les merveilles que Vous avez faites en sa faveur. (II – *Rois.* chapitre VII.)

DÉFINITION DE LA ROYAUTÉ EN FRANCE

Il est donc possible maintenant d'essayer de donner une définition de la Royauté française

La royauté en France est de choix divin. Dieu l'a instituée pour défendre l'Église et assurer le règne universel du Sacré-Cœur et du Cœur Immaculé de Marie. Il la conserve par la loi salique grâce à laquelle ce souverain est toujours issu de la race du Christ, élue par le Seigneur au temps de David et confirmée par Saint Rémi et Jeanne d'Arc. Il la gouverne en se réservant de choisir comme roi dans cette race le prince le plus saint et le plus digne de régner, la Loi de primogéniture mâle s'appliquant normalement hors le cas de choix divin. Le souverain est donc roi par la grâce de Dieu et non par l'autorité du siège apostolique. À Dieu revient le choix, au sacerdoce le sacre, au peuple le consentement.

Puis on suit la longue, migration des Phrygiens-Troyens depuis le royaume troyen jusqu'au nord-est de la Gaule (les Gaulois auraient été de même race que les Francs. Michaël Faramersalve écrit : « Tous les Rois de France ne forment qu'une seule race qui est véritablement issue de la race de Juda et de David, en passant par la Famille Troyenne. »

152.　— R. P. Ayroles, « *La vraie Jeanne d'Arc* », t. III, pp. 74, 220, 621. Bibl. Nation L. franç. 5699-5001.

• Chronique de Tournay, etc. …

C'est la *seule explication* satisfaisante — mais combien fulgurante — de la Mission divine de la France et de la Royauté en France comme aussi de la prédilection du Christ, de la Très Sainte Vierge et de Saint Michel sur nos Rois et notre pays. Il n'en est pas de plus belle, de plus pure et de plus glorieuse…

Un autre principe se dégage de cette étude, comme aussi de la théologie et de l'histoire :

Il y a antinomie formelle, absolue entre la Royauté du Christ et la souveraineté du peuple (donc la démocratie et le suffrage universel). Ou celle-ci est vraie et la Royauté du Christ est une erreur et n'existe pas, ou la souveraineté du peuple est fausse et ne doit pas exister et la Royauté du Christ seule est vraie. Les deux principes sont contradictoires et donc s'excluent.

Le doute est impossible, donc la *souveraineté populaire devra disparaître* et disparaîtra effectivement pour faire place à *la royauté universelle du Christ*. N'est-il pas annoncé que le Grand Monarque « *détruira les républiques de fond en comble* [153] … »

Oui, vraiment, la Royauté en France a bien un caractère sacré et divin. Il en résulte une dernière conséquence : si, sans aucun doute, le devoir est de tout faire pour éclairer et préparer les intelligences à l'accomplissement de la Volonté Divine, il ne faut pas oublier que le plus puissant atout est la prière et on doit comprendre que *la Royauté en France, étant d'origine et de volonté divines, ne sera pas rétablie par les hommes — aucun n'en serait digne — mais seulement par la toute puissance de Dieu.*

Notre Seigneur, lui-même, l'a affirmé en de nombreuses circonstances. Citons notamment les messages suivants :

À la Vénérable Mère Marie de Sales Chappuis :

    « *Je le ferai seul et personne ne pourra dire : c'est moi qui l'ai fait* [154]. »

---

153.   — Vénérable Barthelemy Holzhauser, « *Interprétations de l'Apocalypse* » – Traduction du Chanoine de Wuilleret – tome I, p. 184.

154.   — « *Vie de la Mère Marie de Sales Chappuis* » par les Religieuses de la Visitation, p. 258. Voir également ci-dessus ce que Maximin, le berger de la Salette a dit au Comte de Chambord et aussi notre plaquette sur la vie et les révélations de Marie-Julie Jahenny.

Le 29 juillet 1902, à Marie-Julie Jahenny :

> « Mes petits enfants, Je vous préviens que Je sauverai Sodôme
> ensevelie dans ses crimes : c'est la Fille Aînée de l'Église ; c'est
> le pauvre Royaume de ma Mère Immaculée dont Elle pleure tous
> les jours l'iniquité.
>
> « Mes bien-aimés, écoutez bien ma Parole : Je la sauverai ; Je l'ai
> promis. Je le redis encore : *Je la sauverai seul. Je ferai pour la sauver
> des choses qui ne se sont jamais faites et qui ne se feront jamais. Je ne
> veux aucune aide afin qu'on ne puisse pas dire : « Je l'ai sauvée avec
> le Sacré-Cœur. J'ai hâté avec lui son triomphe.*
>
> « *Non, mes petits enfants, je la sauverai seul, et à la manière dont je la
> sauverai, on verra que c'est moi seul qui l'aurai sauvée …*

Joseph de Maistre a prophétiquement analysé la tion

> « La Révolution étant complètement satanique, la contre-
> révolution *sera angélique* ou il n'y en aura point. Mais ceci
> n'est pas possible … Elle ne peut être véritablement finie, tuée,
> exterminée que par le principe contraire qu'il faut seulement
> délier. (C'est tout ce que l'homme peut faire), ensuite il agira tout
> seul … La réaction devant être égale à l'action, ne vous pressez
> pas et songez que la longueur même des maux vous annonce une
> contre-révolution dont vous n'avez pas idée. »

MISSION POSTHUME ET RETOUR DE JEANNE D'ARC
POUR SAUVER LA FOI ET SAUVER LA FRANCE

Plusieurs âmes privilégiées affirment la Mission posthume
de Jeanne d'Arc et son intervention miraculeuse — prédite par
elle-même — pour sauver la foi et la France lors de la crise ultime.

Sœur Catherine Filliung, religieuse dominicaine, fondatrice et
supérieure des couvent et orphelinat de Biding, en Lorraine, eut
la révélation suivante :

> « En quelques mois, par un réveil soudain, la France se retrouverait
> totalement et ardemment chrétienne. »

Sœur Catherine annonçait que ce serait les fruits du Rosaire.

> « La Vierge, *disait-elle*, commencerait son œuvre petitement, sans bruit, cinq ou six mois avant la révolution. Elle la poursuivrait et l'achèverait avec une force irrésistible, au cours de la crise. Et quand l'heure serait venue de sauver le Pays, de dompter l'ennemi intérieur et de chasser l'étranger, c'était à *Jeanne d'Arc* qu'Elle en réservait la gloire.

> « Sur ce point, Sœur Catherine avait été dès le premier jour absolument affirmative et elle n'a jamais varié. La Sainte Héroïne lui avait été montrée en vision, debout dans un bel arc-en-ciel, l'épée à la main, tête nue, les cheveux tombant de toute leur longueur sur les épaules, comme ceux de la Vierge dans l'Apparition de Sarreguemines. Elle était couronnée de deux auréoles inégales de grandeur et d'éclat. L'une figurait sa mission passée, celle d'Orléans, de Reims, de Rouen ; l'autre, beaucoup plus grande et plus brillante, annonçait sa seconde mission, celle qui lui était promise pour la délivrance, la restauration et l'exaltation du Royaume de Marie ... la France régénérée, rendue à sa vocation et plus puissante que jamais, deviendrait dans le monde entier la protectrice des faibles et la gardienne de la justice. À ce rayonnement de gloire extérieure, répondrait dans la nation un essor merveilleux de la vie spirituelle ... Ce que la Sainte Vierge allait faire, disait-Elle, c'était vraiment un *monde nouveau* [155]. »

De son côté, et vers la même époque, Marie Martel, la voyante de Tilly, écrit dans ses notes :

> « Au mois de mai 1897, je vis Jeanne d'Arc. La Sainte Vierge me dit *qu'elle réapparaîtrait au moment du grand danger et de nouveau elle viendra sauver la France.* Elle reparaîtra partout où elle a passé [156]. »

Au bûcher de Rouen, les bourreaux s'acharnèrent sur le Cœur et les viscères de Jeanne, *mais jamais le feu ne put les consumer.* Au milieu des cendres du corps de la Vierge Martyre, son Cœur — ce Cœur qui avait si intensément incarné le cœur de la France

---

155.　— Eugène Ebel, « *Sœur Catherine – 1848-1915* », pp. 438 à 440.
156.　— « *Notre-Dame-de-Tilly* » tome II, pp. 164-165.

et la Foi de l'Église — son Cœur continuait de battre. Le Tribunal, saisi du miracle, ordonna de faire disparaître tous les restes de la Pucelle et de les jeter à la Seine afin qu'aucune relique ne pût être conservée. Ces restes furent donc enfermés dans un sac et jetés dans le fleuve … *Mais le Cœur battait toujours* … et le bourreau, terrifié, se précipita au couvent des Dominicains, criant « *Je suis maudit, j'ai brûlé une sainte !* »

Plusieurs âmes privilégiées affirment que le Cœur de Jeanne serait miraculeusement retrouvé — *palpitant toujours* — lors de la grande crise …

Jeanne, Elle-même, a prophétisé son retour ; dans sa lettre à Bedford elle écrivait :

> « Si vous lui faictes raison (les Anglais), encore pourrez *venir en sa compagnie* où que les Français feront *le plus bel effect que oncques fut fait pour la chrétienté.* »

Dans son important ouvrage sur « *La Mission posthume de Jeanne d'Arc et la Royauté sociale de Notre Seigneur-Jésus-Christ.* » Monseigneur Delassus écrit :

> « On peut conjecturer que lorsque « *ce plus bel faict* » viendra à se produire, cela aussi servira de signe pour rendre les peuples attentifs et dociles à la grande œuvre que la Providence divine lui a dévolue, œuvre incomparablement supérieure à celle qu'elle a accomplie sous les yeux de nos pères [157]. »

Le plus grand théologien du siècle, le Cardinal Billot, croyait à la Mission posthume de Jeanne d'Arc. Il déclara à Rome, le 30 septembre 1916.

> « Si la première Mission de la Bienheureuse Jeanne fut le rétablissement au Pays de France du Droit politique, la seconde, incomparablement plus bienfaisante encore sera *le rétablissement du droit dont tous les autres dépendent du droit de Dieu* [158]. »

Et Pie XII, de sainte mémoire, n'a-t-il pas déclaré sur les ondes de la radio, lors du cinquième centenaire du Procès de réhabilitation de la Pucelle :

---

157. — Monseigneur Delassus, *op. cit.,* p. 373.

158. — « *Bulletin des Volontaires du Sacré-Cœur* » n° 140, 2ᵉ trimestre, 1971, p. 12.

« Et s'il peut sembler un moment que triomphent l'iniquité, le mensonge et la corruption, il vous suffira de faire silence quelques instants et de lever les yeux au ciel pour imaginer *les légions de Jeanne d'Arc qui reviennent, bannières déployées, pour sauver la patrie et sauver la foi* [159] ! »

Il est juste, en effet, que la grande Martyre de la Royauté Universelle du Christ et du Principe Divin de la Royauté en France soit aussi, avec l'Archange saint Michel, la grande actrice de ce grand triomphe du Christ-Roi et de Son Lieutenant.

Précisément, lors de la Béatification de la Pucelle, Saint Pie X s'écriait :

« *Je n'ai pas seulement l'espérance, j'ai la certitude du plein triomphe.* »

La Très Sainte Vierge le confirme à plusieurs reprises à Jeanne-Louise Ramonet à Kerizinen, le 5 mars 1955 :

« *La France, cette nation de lumière,* une fois sa dette payée, *sera sauvée par des moyens en dehors de toute connaissance* humaine et récompensée par une abondance de grâces et de bénédictions ; … et toutes ces puissances qui, à ses côtés, auront combattu avec tant de courage et d'intrépidité, recevront cette belle récompense de prendre place au sein de l'Église Romaine et Catholique qui sortira elle-même renouvelée et rajeunie de ce baptême de sang ; car, à la place de ces trônes impies, s'élèveront deux trônes glorieux, celui du Sacré-Cœur de Jésus et celui de mon Cœur Immaculé. Et ainsi le nom de Dieu sera glorifié par toute la terre. *Car, plus le monde aura été hostile au surnaturel, plus merveilleux et extraordinaires seront les faits qui confondront cette négation du surnaturel.* »

Le 31 octobre 1956, la Sainte Vierge revient sur la Mission de la France et du Roi :

« France chrétienne gouvernée par ce *Grand Monarque envoyé spécial de Dieu comme défenseur de l'Église* et de la liberté et *sous le règne duquel toute justice sera rendue* [160]. »

---

159. — « *La Croix* », mardi 26 juin 1956, p. 3, 6ᵉ colonne. Voir notre plaquette : « *Un grand et saint Pape qui aimait la France – Pie XII tel que je l'ai connu.* »

160. — Nombreux sont les textes de la Sainte Écriture qui s'appliquent tout

Le 21 novembre 1957, la Reine du Ciel ajoute :

> « Votre trône subsistera éternellement, le sceptre de votre règne est spectre de droiture et d'équité. Vous avez aimé la justice et haï l'iniquité. C'est pourquoi votre Dieu vous a oint d'une huile d'allégresse par privilège, sur vos collègues ... » (*Psaume*, XLIV, versets 7 et 8.)

> « C'est moi qui ai été établi roi par Lui sur Sion, sa montagne sainte afin d'annoncer son décret le Seigneur a dit : « Tu es mon fils ! Demande-moi et je te donnerai les nations pour héritage, les extrémités de la terre pour ton domaine. Et maintenant, rois, instruisez-vous ... » (*Psaume*, II, versets, 1 à 10, qui annoncent le châtiment des méchants.)

> « Un rameau sortira de la tige de Jessé, et une fleur naîtra de sa racine. L'Esprit du Seigneur reposera sur lui, l'Esprit de sagesse et d'intelligence, l'Esprit de conseil et de force, l'Esprit de science et de piété. Il sera rempli de l'Esprit de la crainte du Seigneur ... La justice sera la ceinture de ses reins et la foi le baudrier dont il sera ceint. (*Isaïe*, XI, versets 1 à 15.)

Et encore :

> « Tes yeux verront le Roi dans sa magnificence ; alors votre cœur se souviendra de ses frayeurs passées et vous direz : que sont devenus ces faux prophètes qui séduisaient, que sont devenus tous ceux qui pesaient toutes les paroles de la loi, ces faux docteurs de la jeunesse ... Car le Seigneur est notre juge, le Seigneur est notre législateur, le Seigneur est notre roi. C'est lui qui nous sauvera. » (*Isaïe*, XXXIII, versets 17 à 22.)

> « Voici mon serviteur, je le soutiendrais ; mon ÉLU en qui mon âme s'est complue. J'ai mis MON ESPRIT SUR LUI ... » (*Isaïe*, XLII, versets 1 et 2.)

à la fois à Notre Seigneur comme au Grand Monarque, parce que ce dernier sera Son image :

> « O Dieu, donnez vos jugements au roi et la justice au fils du roi qu'il juge votre peuple avec justice et vos pauvres selon l'équité ... Et il durera autant que le soleil et que la lune de génération en génération. En ses jours apparaîtra la justice et l'abondance de la paix ... Il dominera d'une mer à l'autre et du fleuve aux extrémités de la terre – Toutes les nations lui seront assujetties ... Son nom sera béni à jamais ... » (*Psaume*, LXXI, versets 1 à 8 et 11 à 27.)

« En ce temps là le rejeton de Jessé sera exposé devant tous les peuples comme un étendard. Le Seigneur lèvera son étendard parmi les nations … (Serait-ce l'annonce du Sacré-Cœur sur le drapeau et dans les armes du Roi ?) (*Isaïe*, XI, versets 10 et 12).

Sœur Mark-Angélique Millet a eu une vision concernant la France dans la nuit du 1ᵉʳ au 2 octobre 1942 ; après avoir annoncé les Apôtres des derniers temps, elle décrit :

« Une foule très dense, échelonnée, était agenouillée, adorante et suppliante ! Au-dessus de cette masse humaine, les étoiles groupées et scintillantes écrivaient : « La France ».

« Et le doux Jésus dit avec une autorité « pleine d'amour et de miséricorde » pour « Sa Bénie » (la France) tombée, qui s'est levée hier et s'agenouille aujourd'hui : « Les hommes m'accusent ! Et ce sont eux qui DANS LEUR HAINE DE MOI, ONT TERRASSÉ LA FRANCE ! … Maudite, elle s'est forgée sa croix ! … Elle s'est attachée dessus dans sa folie ! … C'est MOI, qui l'ai TOUJOURS « BÉNIE », qui vais l'en détacher et la remettre entre les bras de Ma Mère ! »

Dans celle du 3 au 4 juin 1943 :

« Dans le silence qui régnait sur la « mappemonde » mon âme entendait la Vierge Co-rédemptrice … prier pour la France en son Cœur transpercé, avec ce verset de son Magnificat : « *Suscepit.* » Le Seigneur a pris sous sa garde Israël son serviteur, se souvenant de Sa miséricorde », et je reçus de son Cœur Immaculé le mouvement d'alterner sa prière suppliante avec le verset du « *TE DEUM* » : *Salvum* … » Sauvez votre peuple, Seigneur, et bénissez votre héritage ! Il est à la porte (le Fils bien Aimé du père) avec Celle qui va Lui ouvrir la porte … C'est le « RACHAT », L'INVASION DIVINE … LE TORRENT DE LA MISÉRICORDE VA PASSER SUR LE MONDE … »

Marie-Julie Jahenny précise :

« Le Roi aura en lui un don qu'aucun autre Roi n'a eu. » Elle annonce qu'« il sera encore plus merveilleux (que Saint Louis) par son Règne. Vous verrez dans cet homme ce que personne n'a vu dans les autres. »

> « *Ce triomphe de l'Église sera vraiment miraculeux* dans l'extermination complète et imprévue des derniers coryphées du démon. *Il sera incomparable et le plus beau de son histoire, car il n'y en aura jamais eu de semblable …*

Et dans le même Message, Elle ajoutait :

> « *Rien n'est plus encourageant, pour soutenir les justes que la certitude de la victoire.* »

Le 28 avril 1959, Elle revient sur la grande crise et le triomphe qui suivra :

> « Continuez à beaucoup prier pour l'Église qui traverse actuellement *une crise affreuse*, mais ayez confiance … Oh ! le merveilleux triomphe … *Elle formera de l'humanité entière un seul troupeau sous la houlette d'un seul pasteur. le vicaire de mon fils à Rome* [161].

---

161. — « *Messages du Ciel donnés à Kerizinen* », pp. 17, 26, 29, 33.

Et sur l'union qui régnera entre le Saint Pape et le Grand Monarque « Que signifient les deux rameaux d'olivier qui sont près des deux éperons d'or dans lesquels sont les canaux d'or ? … Le Seigneur me dit « CE SONT LES DEUX OINTS QUI SE TIENNENT DEVANT LE DOMINATEUR DE TOUTE « LA TERRE. » (*Zacharie*, IV, versets 12 à 14.)

« Ainsi parle l'Éternel des armées : « Voici l'homme dont le nom est Orient ; ce germe poussera de lui-même, et il bâtira un temple au Seigneur. C'est lui qui sera couronné de gloire ; il s'assiéra et il dominera sur son trône ; le grand prêtre sera aussi assis sur le sien, et IL Y AURA ENTRE EUX DEUX UNE ALLIANCE DE PAIX. » (*Id.*, VI, versets 12 et 13.)

Je n'en ferai plus qu'un seul peuple pour la terre … et un seul roi commendera à tous … un seul pasteur les conduira. » (*Ezechiel*, XXXVII.)

Alors :

« Le loup habitera avec l'agneau, et le léopard avec le chevreau et un petit enfant les conduira tous … car la terre sera remplie de la connaissance du Seigneur … » (*Isaïe*, XI, versets 5 et 6.)

« (Le Seigneur) a accompli tout ce qu'il avait prédit ; et Il lui a donné LE ROI JUSTE QU'IL LUI AVAIT PROMIS.

« La foi régnera dans votre temps, ô Prince, la sagesse et la science seront les richesses et les sources du salut que vous procurerez à votre peuple ; et la crainte du Seigneur en sera le trésor. » (*Isaïe*, XXXIII, versets 4 à 6.) « On entendra des extrémités du monde chanter la gloire du juste. » (*Ibidem*, XXIV.)

Le Chanoine Chabauty écrit très justement :

> « Si l'Immaculée est descendue plus de vingt fois chez nous au cours du précédent siècle, ce n'est pas assurément dans un seul but : « bouter » l'ennemi envahisseur hors de son Royaume à Elle : la France, mais bien pour cette œuvre autrement grande de « bouter » Satan, prince illégitime de ce monde, *hors de l'univers entier*, royaume de son Fils : *Princeps hujus mundi ejicietur foras.* Le prince de ce monde sera jeté dehors [162]. » (*Jean*, XII, 31.)

Et jamais le caractère sacré et divin de la Royauté en France n'aura été plus éclatant ni plus démontré.

Prière au Christ-Roi
pour le retour du roi très chrétien

> « O Christ, Roi des rois et Chefs des Nations, souvenez-Vous de votre peuple de France, votre peuple de prédilection. Souvenez-Vous de la Mission que Vous lui avez confiée dans le monde. Souvenez-Vous de l'Alliance que Vous avez scellée avec Clovis au Baptistère de Reims et confirmée par Jeanne d'Arc, la Pucelle, et renouvelée à chacun des Sacres de ses Rois Très Chrétiens.

> « Cette Alliance a été brisée : la France officielle a renié ses engagements envers Vous depuis qu'elle a assassiné son Roi. Faites lui la grâce, Seigneur-Jésus, de réparer ses erreurs et ses fautes afin qu'elle revienne au plus tôt à sa vocation première de soldat de Dieu et de Fille Aînée de l'Église !

> « Vos desseins sont impénétrables, mais nous croyons que la prière des hommes est puissante sur Votre Cœur. Soumis à Votre Sagesse et confiants en Votre Bonté, nous osons Vous supplier que la France revienne à ses origines par l'Alliance de l'Autel et du Trône restauré.

> « Seigneur, comme au temps de Jeanne d'Arc, rendez à la

---

162.   — « *Le triomphe final* » 24 mai 1901.

France son Roi Très Chrétien, afin que, recevant à Reims son « digne Sacre », il soit en toute vérité Votre Lieutenant temporel, le ministre de Vos saintes volontés pour le bien de l'Église, de la Patrie et de l'humanité.

« Nous Vous demandons cette grâce au nom de Votre Sacré-Cœur qui aime toujours les Francs, au nom de Votre très sainte Mère, notre Reine bien-aimée, au nom de saint Michel, l'Ange-Gardien de la France, de sainte Jeanne d'Arc la grande Martyre de Votre Royauté Universelle et du caractère sacré et divin de la Royauté en France, au nom de tous nos Saints protecteurs et de tous les Saints de la Maison Royale de France. »

« Seigneur, sauvez le Roi et exaucez-nous au jour de notre prière.

Amen »

« Cœur Sacré de Jésus, Espoir et Salut de la France, sauvez-nous !

« O Marie, Reine de France, intercédez pour nous !

« Saint Michel, Chef des Milices Célestes et grand Vainqueur de Lucifer, Ange-Gardien de la France et du Roi, de votre épée défendez-nous !

« Sainte Jeanne d'Arc, Saint Louis, Roi de France, tous les Saints patrons de la France et tous les Saints de la Maison de France, priez pour nous ! »

AUTRES PRIÈRES POUR LA FRANCE

« O Dieu tout puissant et Éternel qui avez établi l'Empire des Francs pour être par le monde l'instrument de votre très divine volonté, le glaive et le bouclier de votre Sainte Église, nous Vous prions, prévenez toujours et en tous lieux de la céleste lumière les fils suppliants des Francs, afin qu'ils voient toujours efficacement ce qu'il faut faire pour votre règne en ce monde, et que, pour faire ainsi qu'il auront vu, ils soient jusqu'à la fin fortifiés de charité et de courage.

Amen. »

« Prions encore pour les Rois Très Chrétiens, afin que notre Dieu et Seigneur fasse que leur soient soumises toutes les nations barbares, pour notre paix perpétuelle.

Amen [163]. »

On comprend que dans la capitale du monde chrétien, à Rome, on puisse lire, sur l'un des piliers d'entrée de l'église Saint Louis des Français, le rappel de cette indulgence accordée par le Pape Innocent IV :

« Quiconque prie pour le Roi de France gagne dix jours d'indulgence. »

Inscription et indulgence existent toujours.

C'est qu'en effet, comme le disait la pieuse Carmélite, Camille de Soyecourt :

« Bien comprise, la fidélité à la Monarchie est un hommage rendu à la Majesté Divine. »

VIERGE AU LYS

Saint Pie X n'avait-il pas eu, au moins à deux reprises l'Apparition, dans sa radieuse beauté, de la Vierge Très Sainte et Immaculée tenant en sa main le Lys de France.

Carlo Dolci, *La Vierge et l'Enfant avec des lys*, 1642 *(Musée Fabre, Montpellier.)*

---

163.   — Ces deux dernières prières ont été publiées par le Cardinal Pitra dans sa « *Vie de saint Léger* » (*Introduction*, p. XXII.) La première est tirée d'un Missel du IXe siècle et remonterait au VIIe siècle. Nous avons modifié le dernier paragraphe pour l'harmoniser avec la présente étude. La seconde est tirée des vieux Missels gallicans, passa dans la liturgie romaine où elle est à jamais conservée. *Cf., Missal. Rom. feria in Parasceve.*

La source de KERIZINEN
Jaillie le 13 juillet 1952.

Message de Notre Dame du Très
Saint Rosaire du 24 mai 1949

« En ce lieu, je descends surtout pour les pécheurs, cependant, si l'on m'écoute, je ne refuserai pas la santé des corps. »

JEANNE-LOUISE RAMONET

« Soyez des chrétiens vrais, des chrétiens qui existent, qui n'ont pas peur de marcher, de rencontrer, de se dépasser pour les autres. Soyez la vérité révélée de ceux qui la cherchent, car votre siècle exige le vrai. »

(*Cahiers de Jeanne-Louise*, 25 février 1964.)

Le 29 avril 1948, la Vierge Marie lui dit :

« Je descends pour relever la France. Dans quelque temps, Je lui donnerai un grand chef, un roi. Elle connaîtra alors un tel redressement que son influence spirituelle sera prépondérante dans l'univers. Mais Je descends surtout pour vos âmes, pour les pécheurs.

« C'est par la Bretagne, qui m'est restée le plus fidèle, que Je veux rechristianiser la France qui, revenue au Christ, revêtira un caractère tellement religieux qu'elle redeviendra la lumière des peuples païens. »

Le 16 avril 1961 :

« Nul ne peut douter que Je veuille donner la paix au monde, la vraie paix : celle qui exclut tout conflit, toute violence, tout trouble ; celle qui engendre le bonheur et la joie du cœur.

« Cette paix, aidez-moi à l'obtenir de Dieu par votre charité et par votre prière. »

La Vierge dit encore :

« Considérez donc mes révélations comme une Apocalypse mariale concordant très bien avec l'Apocalypse de saint Jean...

Elles doivent vous consoler et vous fortifier. Les propager est donc un acte de charité … »

Le temps des ennemis de la foi est annoncé par la Sainte Vierge :

« *... Il fallait que ce temps vint pour eux, qu'il y eut un règne infernal sur la Terre avant le règne divin.* »

... Et pour l'avenir

Le 27 octobre 1875, Notre Seigneur promettait :

« *De mon Divin Coeur va sortir le triomphe de la France et le salut de la Sainte Église.* »

MARIE-JULIE JAHENNY
12 février 1850 – † 4 mars 1941

Puisse Marie-Julie intercéder pour le salut de la France !

LE FANION DU SACRÉ-COEUR

Béni par s. Exc. Mgr Pays, évêque de Carcassonne, le 10 janvier 1943.
Offert au Maréchal Pétain en audience publique le 28 janvier 1943.

« J'accepte avec bonheur ce fanion que vous m'offrez. Il sera mon drapeau. » Maréchal Pétain.

MARÉCHAL PÉTAIN À LOURDES
20 avril 1941

Le maréchal Pétain et des membres de son gouvernement à la grotte de Lourdes.

APPENDICE

I

Tradition du sacre depuis Clovis

Le Sacre fut institué par l'Église pour les Rois de France dès l'origine. Lors de son baptême, Clovis fut sacré. Les témoignages contemporains sont formels :

Saint Avit écrit au Roi :

> « Quel spectacle de voir cette tête, redoutée de tant de nations, courbée devant les serviteurs de Dieu, cette chevelure nourrie sous le casque, *recevoir par l'onction sainte un casque de salut* [164]. »

Saint Rémi, le grand apôtre des Francs et le consécrateur du Roi, savait mieux que quiconque ce qu'il avait fait. Dans son « *Testament* » il *affirme formellement qu'il a sacré Clovis*, et en lui tous ses successeurs :

> « Par égard pour cette Race que j'ai baptisée, que j'ai reçue dans mes bras ruisselante des eaux du baptême : *Cette race que j'ai marquée des sept dons du Saint Esprit, que j'ai ointe de l'onction des Rois par le saint chrême du même Saint-Esprit… Cette race que j'ai choisie délibérément pour régner jusqu'à la fin des temps au sommet de la majesté royale… Cette race que j'ai tant de fois consacrée au Seigneur…* »

Il différencie nettement le baptême du Sacre. Sans le Sacre sa mission eut été incomplète et son grand dessein de politique chrétienne sans possibilité de réalisation, donc sans objet.

---

164.   — *Lettres de Saint Avit*, n° 41 – Marlot, t. II, p. 790 publié en 1843-1846.

Saint Grégoire de Tours écrit à son tour concernant ; Clovis :

« Il fut baptisé et ensuite oint du saint chrême [165]. »

Saint Grégoire le Grand, qui régna de 590 à 604, écrit dans son « *Commentaire du Premier Livre des Rois* » :

> « Sans aucun doute, ce qui est signifié par cette onction, c'est ce qu'encore maintenant on voit dans la Sainte Église, car celui qui est élevé au sommet du pouvoir *reçoit le sacrement de l'onction*. Parce qu'en effet *l'onction elle même est un sacrement*, celui qui est porté au pouvoir est à juste titre *oint* extérieurement afin qu'intérieurement il soit fortifié par la vertu du *sacrement* [166]. »

Et il ajoute :

> « *Que la tête du Roi soit donc ointe.* »

La « *Chronique de Moissac* » à son tour, à propos du Sacre de Pépin le Bref par Etienne II, écrit :

> « Par l'*Onction sainte, suivant l'usage des ancêtres*, le Pape Etienne II oignit de l'huile d'onction le très pieux prince Pépin, Roi des Francs [167].

Les « *Annales Royales* » à leur tour :

> « Suivant l'usage des Francs, Pépin fut élu roi *oint* [168]. »

Hincmar, Archevêque de Reims et historien de saint Rémi son prédécesseur, est formel également.

Flodoard, chroniqueur du Xe siècle, met dans la bouche de saint Rémi :

> « Je l'ai baptisé et *je l'ai sacré roi par l'onction du saint chrême* [169].

Saint Thomas d'Aquin, dans son « *De regimine principum* » est non moins affirmatif :

165.　— Histoire des Francs, t. II, chap. 31.

166.　— Migne, *Patrol. Latine « In primum Regnum exposition.* » – IV, cap. 5, tome LXXIX, p. 278.

167.　— *Chron. Moins. Monum. German. Scriptor*, t. I, p. 293 (Edit. Pertz 1826)

168.　— *Script. Rer. German. in usum Scholar., Annales regni Francorum*, 750 (Edit. Fr. Kuree, 1895. Hanovre, p. 8).

169.　— *Testament de saint Rémi*, d'après Flodoard, t. I, p. 12.

> « Nous trouvons dans les gestes de saint Rémi et de Clovis une
> preuve de *la sainteté de l'onction par l'huile qu'une colombe apporta
> du ciel, et dont le roi et ses successeurs ont été sacrés.* »

Un des grands docteurs de son siècle, le Chancelier Gerson, écrit :

> « Quand saint Rémi baptisa Clovis, le premier roi chrétien, *il l'oignit
> de l'huile de la sainte ampoule envoyée par miracle en signe de royale
> puissance et comme sacerdotale ou pontificale dignité* [170]. »

Le Juriste Guy Coquille, à la fin du XVIe siècle, à tour, écrit :

> « Depuis Clovis, premier roi chrétien, il a été observé pour loi du
> royaume que les Rois ont été *oints et sacrés.* »

---

170. — Harangue au nom de l'Université de Paris au Roi Charles VI, en 1405.

En 1501, à la demande du Maître de la Confrérie de Notre Dame à Amiens, Jehan Le Caron, seigneur de Bouillancourt sous Miannay et de Sélincourt, échevin d'Amiens, fut composé un chant royal intitulé : « *Sacrée Ampoule à l'Onction Royale* ». À cette occasion, un tryptique fut offert à la cathédrale par le Maître de la Confrérie. Deux volets de ce tryptique sont conservés au Musée de Cluny et représentent l'un le sacre de David, l'autre le sacre de Louis XII. Le centre du tryptique fut malheureusement détruit, mais a été reproduit en miniature dam un ouvrage offert par la ville d'Amiens à la mère de François Ier et qui se trouve à la Bibliothèque Nationale.

Nous remercions notre Ami, descendant de Jehan Le Caron, qui a bien voulu, remettre le texte de ce Chant Royal :

> « Pour subvenir à la nécessité
> « Du peuple hébreu, par divine ordonnance,
> « David reçut Royale dignité
> « Sous l'Onction dont il eut connaissance
> « Par Samuel prophète véritable.
> « Cette Onction fut figure notable
> « Que après verrait la Royale onction
> « Dont aurait joie et consolation
> « Le genre humain mis en chartre infernale.
> « Pour ce ordonna Dieu par provision
> « Sacrée Ampoule à l'Onction Royale.
> « La Sainte Ampoule à la réalité,
> « Est Marie Vierge et France
> « Et l'Onction signe l'humanité
> « Que le Fils Dieu voulut prendre en substance
> « De son pur sang qu'en forme convenable
> « On peut nommer Onction vénérable. »

Enfin, l'Église, dans le formulaire spécial institué par elle pour le Sacre des Rois de France, affirme que Clovis fut sacré par saint Rémi et que c'est le Saint-Esprit Lui-même qui est venu apporter l'Ampoule Sainte destinée Sacre des seuls Rois de France [171].

Après avoir prouvé que l'institution du Sacre des Rois de France remonte à Clovis, le premier de nos Rois, il n'est pas inutile de défendre nos traditions nationales concernant les privilèges miraculeux des Rois de France. Nous citerons donc l'article que nous avions écrit à l'occasion du Tricentenaire de Dom Mabillon.

LE SAINT CHRÊME

La fiole scellée qui conserve le Saint Chrême miraculeux
du Sacre des Rois de France

Après le sacre de Charles X, ce qui restait de la Sainte Ampoule et de son contenu ne fut évidemment pas perdu et traversa le siècle sans histoire… Tellement sans histoire que l'abbé Jean Goy, historien et archiviste de l'archevêché de Reims fut forcé de constater – à l'occasion de ses travaux – que la fiole du sacre de Charles X, contenue dans le reliquaire, et sans qu'on sache pourquoi, était… presque vide ! Se demandant ce qu'il était advenu du baume sacré, il finit par découvrir, en 1979, un procès-verbal daté de 1906 : ce précieux document accompagnait une fiole de verre soigneusement cachetée aux armes de Monseigneur Luçon. Celui-ci, qui était archevêque de Reims au moment de la loi dite « de séparation des églises et de l'État », par crainte de la perte ou de la profanation, avait transféré le Chrême dans cette ampoule de verre, qu'il avait lui-même scellée et emportée, cachée sous ses vêtements, lorsqu'il fut expulsé du palais archiépiscopal confisqué.

Ainsi le contenu de la Sainte Ampoule demeure encore, soigneusement gardé dans un coffre de l'actuel archevêché de Reims, ce qui fait dire à l'Abbé Goy que la Sainte Ampoule se trouve bien dans les mains de qui il convient, à savoir l'Église de Reims, et – en guise de conclusion – j'ajouterai que son précieux contenu est prêt à être utilisé, à l'heure voulue par la divine Providence, pour le sacre du Souverain annoncé en diverses, nombreuses et sérieuses prophéties…

---

171. — Bernard de Girard, Sgr du Haillan prétend que Grégoire de Tours « ne parle point qu'il (Clovis) fut oint, ni sacré, mais seulement baptisé ; et aux anciennes chroniques de ce temps là, n'est faite aucune mention du sacre, ni d'onction des rois de la première lignée. » Comment a-t-il pu écrire une pareille contre-vérité que toutes les citations ci-dessus démentent formellement. Il avait été protestant, mais se convertit dam la suite.

II

DOM MABILLON DÉFENSEUR DES PRIVILÈGES MIRACULEUX DES ROIS DE FRANCE

Bien des articles ont été écrits, bien des discours prononcés à la gloire du grand savant et du pieux bénédictin, Dom Mabillon, le maître et le précurseur de la science historique, le génial rénovateur de la grande école bénédictine, à l'occasion des cérémonies célébrant son tricentenaire [172].

Avec toute l'ampleur nécessaire à un pareil sujet, on a magnifié les « *Actes des Saints de saint Benoit* », qu'il écrivit avec la conscience et la probité que l'on sait :

> « Il est constant que deux ou trois écrivains passionnés ont fait plus de tort à notre Ordre par leurs exagérations que ses ennemis ne lui en ont fait par leurs calomnies ! Des religieux ne pêchent pas moins contre la modestie chrétienne et religieuse en attribuant à leur ordre ce qui ne lui appartient pas, qu'un particulier en s'arrogeant ce qui ne lui est pas dû.

On a dégagé toutes les leçons qui découlent de son Traité de « *Diplomatique* », dans lequel il a voulu laisser aux générations à venir le secret de reconnaître l'authenticité d'un document et d'écrire consciencieusement l'Histoire. Très justement, on a rappelé la magnifique réponse que fit Mabillon dans ses « *Études monastiques* », l'Abbé de Rancé, qui craignait que tant de recherches

---

172. — Cet article a été publié dans « *Le Bloc Anti-Révolutionnaire* » de Janvier-Février 1933, pp. 21 à 30. Pour plus de clarté quelques mots seulement ont été modernisés.

et de travaux n'en vinssent à nuire à la piété. Ce que l'on n'a pas dit, croyons-nous, c'est la lumineuse et définitive réplique qu'il a faite en réponse aux attaques venimeuses des étrangers et des Jésuites contre toutes nos traditions nationales et notamment contre les privilèges surnaturels et miraculeux des Rois de France.

Dans toutes les cérémonies diplomatiques, l'ambassadeur du Roi de France avait le pas sur les ambassadeurs de tous les autres souverains, parce que son Maître était « *sacré d'une huile apportée du Ciel.* » On peut même retrouver un décret vénitien datant de 1558, qui reconnaît expressément ce droit indiscuté, hommage universel rendu au miracle de la Sainte Ampoule et tacite reconnaissance de la prééminence du Roi Très Chrétien sur tous les autres souverains. Or, le 14 juillet 1650, l'Empereur Ferdinand III donna un banquet diplomatique à Nuremberg, pour célébrer la paix de Westphalie. L'ambassadeur de Suède fut mis sur le même pied que celui de France ; en conséquence ce dernier quitta la salle du festin. Pour la première fois le droit de la France était violé ; un conflit diplomatique s'ensuivit, qui, heureusement, put être réglé pacifiquement. Cet incident déclencha une attaque haineuse et violente contre la Sainte Ampoule apportée du Ciel pour le sacre de tous nos Rois par le Saint-Esprit, descendu au baptême du Christ, sous la forme d'une colombe. Cette bataille d'intellectuels devait durer cinquante deux ans, de 1651 à 1703.

Un Espagnol, Chifflet, furieux des victoires remportées contre son pays par la France, « entreprit de ruiner toutes les traditions sur lesquelles elle (la France) fondait son droit de primauté européenne et mondiale. » En vingt volumes *in-folio*, il tenta vainement de démontrer la supériorité de la dynasties espagnole sur la dynastie française ; il prétendit qu'elle était plus ancienne que la nôtre et qu'elle avait toujours appliqué plus scrupuleusement la Loi Salique. Etc. … Il saisit cette occasion pour partir en guerre contre la Sainte Ampoule et trouva ses meilleurs appuis et ses plus dévoués collaborateurs, pour accomplir son œuvre de haine contre la France, chez les Jésuites.

Le Père Bollandus, un Jésuite flamand, animé d'une hostilité contre la France égale à celle de Chifflet, ayant trouvé un texte incomplet du testament de saint Rémi, le communiqua à celui-ci, qui prétendit que le texte donné par Hincmar, archevêque de Reims, dans sa « *Vie de saint Rémi* » n'était pas authentique et alla jusqu'à accuser de faux le pieux et docte archevêque, que le savant Cardinal Baronius — d'accord sur ce point avec tout le Moyen Age — considérait comme un saint et l'une des lumières de l'Église. Chifflet traita « d'halluciné » Hincmar, parce qu'il avait affirmé que Clovis avait été baptisé à Reims, alors que lui, Chifflet, prétendait que le baptême avait eu lieu à Tours. Ce simple exemple suffit à juger la valeur historique de toute l'œuvre de ce fougueux espagnol : simple pamphlet, où la mauvaise foi le dispute à la violence.

Les Jésuites rivalisèrent de déloyauté avec Chifflet. Tous les procédés leur furent bons et, pour empêcher ceux que la question intéressait de connaître les documents ou écrits prouvants l'authenticité de la Sainte Ampoule, ils supprimèrent dans ces ouvrages les passages où il en était question : c'est ainsi que dans l'exemplaire que les « *bons pères* » possédaient du livre de Forcadel, juriste de Béziers, publié en 1580, sur les merveilles de nos origines, sous le titre « *De Gallorum imperio et philosophie* », les feuillets 370 et 371 ont été arrachés, parce que ces quatre pages relataient le miracle de la Sainte Ampoule. Par contre, on peut retrouver l'ouvrage de Chifflet [173] chez ses adversaires, intact, mais criblé de notes marginales manuscrites, réfutant les mensonges de cet auteur.

Pour défendre la vérité et la France, les Bénédictins entrèrent en lice ; bientôt, parmi eux, un maître se révéla, qui prit la tête du mouvement : Don Mabillon. Avec la conscience scrupuleuse et la science historique qui le caractérisent, l'éminent religieux réfuta un par un tous les arguments des ennemis de la France.

---

173. — Chifflet, « *De Ampulla remensi nova et acquirata disquisitio ad dirimendam litem de prærogativa ordinis inter reges* » *in fotio* de XII, 117 pages, chez Morets Anvers, en 1651, et du même : « *Nova disquisitio Ampollæ remensis.* »

« Comment se fait-il, répondit-il qu'Hincmar, au sacre et au couronnement de Charles le Chauve, comme roi de Lorraine, à l'Assemblée de Metz (809), lui ait parlé de son ancêtre Clovis, « baptisé dans la métropole de Reims et sacré roi (*unctus in regem*) avec un chrême *venu du ciel* d'où nous l'avons encore ? » Ce sont ses propres expressions.

« Est-il vraisemblable qu'Hincmar ait été assez imprudent pour donner un objet d'invention nouvelle comme une précieuse relique de l'antiquité, en présence d'une assemblée nombreuse d'évêques, de seigneurs et de personnages de tous rangs ?

« Est-il vraisemblable qu'il en ait parlé sans commentaire, sans explication d'aucune sorte, comme d'un fait universellement connu et certain pour tout le monde, si réellement il ne l'était pas ?

« Le fait de la Sainte Ampoule, au temps d'Hincmar était donc tout ce qu'il y avait de plus reçu et de plus certain [174] (*receptissima et exploratissima*). »

Et Mabillon conclut victorieusement et définitivement en 1703, après cinquante-deux ans que la lutte était ouverte :

« Puisqu'aucun de ces arguments ne démolit la vérité de la Sainte Ampoule, l'autorité de cette très ancienne tradition des églises de Reims et de France demeure donc entière. »

Ainsi, Mabillon, le grand Mabillon, celui que Louis XIV — qui s'y connaissait en hommes — considérait comme « le plus grand savant du royaume » et qu'on a très justement appelé le père de la critique moderne, Mabillon affirme l'authenticité du miracle éclatant par lequel le Saint-Esprit a voulu marquer d'un signe sacré de toute spéciale prédilection notre Monarchie et imprimer sur le front de tous nos Rois un caractère indélébile, pour manifester avec éclat leur primauté sur tous les autres souverains de la terre, dans le domaine temporel. Il défend la grande figure d'Hincmar en même temps que la sincérité et l'exactitude de ses écrits. Il authentifie donc scientifiquement tous les miracles opérés

---

174. — *Annales benedic. ...*, Tome I, *ad annum* 533. On consultera avec fruit, Chanoine Dessailly, « *Authenticité du grand Testament de saint Rémi* » et Abbé Vial : « *Jeanne d'Arc et la Monarchie* », de p. 72 à 54 et note p. 22.

par Dieu à l'origine de notre Histoire ainsi que le texte du grand Testament de saint Rémi, ce monument prophétique impérissable qui résume toute notre histoire de France et affirme la Mission divine de notre Pays et de nos Rois et nous assure que jamais Dieu n'éloignera de notre Pays Sa miséricorde et que la Race Royale a été « délibérément *choisie pour régner jusqu'à la fin des temps* au sommet de la majesté royale, pour l'honneur de la Sainte Église et la défense des humbles. » Enfin, Mabillon affirme, comme l'avait fait prophétiquement saint Rémi, l'unité de race des trois branches de nos rois.

Il convenait qu'il y eut, au moins, une revue catholique et royaliste pour rappeler le magnifique combat — où l'intelligence et la loyauté furent uniquement de son côté — que Mabillon a victorieusement soutenu pour défendre les privilèges divins accordés aux seuls Rois de France, en raison de leur mission divine.

JEAN MABILLON (1632-1707)

Cet air simple et modeste où rien n'est affecté ;
J'offre de MABILLON l'exacte ressemblance ;
Et dans vn trésor de sçience,
Un prodige d'humilité.

Bosquillon

Gravure de Loir d'après Hallé, Bibliothèque Nationale.

III

L'exclusion des femmes du Trône de France

Qu'écrivent les juristes les plus éminents à propos de l'exclusion des femmes de la Couronne de France et aussi les théologiens ?

J. Du Tillet, en 1580 :

> « Les femmes sont perpétuellement exclues par la coutume et loi particulière de la maison de France, fondée sur la magnanimité des Français ne pouvant souffrir d'être dominés par femmes, ni de par elles, et aussi qu'elles eussent pu transférer la coutume aux étrangers [175]. »

B. Du Haillan :

> « Mais le plus beau privilège du royaume de France, c'est que ni les femmes, ni leurs descendants ne succèdent à la couronne. Ce que nous attribuons à la loi salique [176]. »

J. Bodin, lui, invoque comme raison le droit naturel :

> « La monarchie doit seulement être dévolue aux mâles, attendu que la gynécocratie est droitement contre les lois de nature qui a donné aux hommes la force, la prudence, les armes, le commandement et l'a ôté aux femmes, et la loi de Dieu a disertement ordonné que la femme fût sujette à l'homme,

---

175.   — Œuvres de J. Du Tillet, dans « *Recueil des Rois de France* », p. 214, Ed. Périer, Paris, 1607.

176.   — B. Du Haillan, « *De l'état et succès des affaires de France* », p. 314, verso. Ed. P. le Mur, Paris, 1611.

non seulement au gouvernement des royaumes et des empires, mais aussi en la famille de chacun en particulier ... Or si cela est malséant et contre nature des actions et charges publiques, à plus forte raison est-il pernicieux en la souveraineté ; car il faut que la femme à qui est dévolue la couronne se marie, ou bien qu'elle demeure sans mari ... Or, ainsi que la famille est renversée là où la femme commande, attendu que le chef de famille perd sa qualité pour devenir esclave, de même la république, à proprement parler, perd son nom, là où la femme tient la souveraineté, pour sage qu'elle soit [177]. »

Bossuet écrit à son tour :

« Le peuple de Dieu n'admettait pas à la succession le sexe qui est né pour obéir ; et la dignité des maisons régnantes ne paraissait pas assez soutenue en la personne d'une femme qui, après tout, était obligée de se faire un maître en se mariant ... Où les filles succèdent, les royaumes ne sortent pas seulement des maisons régnantes mais de toute la nation [178]. »

Et Charles Loyseau reconnaît quant à la loi fondamentale de masculinité, dans son ouvrage « *Des seigneuries* » :

« Il se collige que le Royaume de France est la Monarchie la mieux établie qui soit, et qui ait jamais esté au monde, estant en premier lieu une Monarchie royale, et non pas Seigneuriale : une Souveraineté parfaite, à laquelle les Estats n'ont aucune part ; successive, non élective : non héréditaire purement, ny communiquée aux femmes, mais déférée au plus proche masle la loy fondamentale de l'Estat. Occasion pourquoy ce royaume a désjà plus duré qu'aucun autre, qui ait jamais esté [179]. »

Bernard Basse précise :

« Pour bien en comprendre les raisons, il faut se retremper dans l'atmosphère de spiritualité dans laquelle la royauté française a évolué, cette royauté très chrétienne et sacrée qui *fait du roi une sorte d'évêque pour les affaires politiques.*

177.　　— J. Bodin, « *Les six livres de la République* », pp. 110, 1002, 1010, Lyon 1593.

178.　　— Bossuet, « *Politique tirée de l'Écriture Sainte* », p. 334.

179.　　— Ch. Loiseau, « *Traité des Seigneuries* », chap. II, n° 92, p. 18, 7ᵉ édit. Paris 1666.

« L'origine d'une telle conception doit être cherchée dans la tradition biblique. L'Ancien Testament offre l'exemple de la royauté sacrée d'Israël où *le roi, par la vertu du sacre, est uni à Dieu qui lui communique la souveraineté.* Or la souveraineté politique est, au temporel, ce que le pouvoir d'ordre est au spirituel. Au moment où il devient l'oint du Seigneur, c'est-à-dire « *personne sainte et sacrée* [180] », *le Roi reçoit l'assistant et le rayonnement de la majesté divine* qui lui confie le dépôt Sacré de la Souveraineté. Ainsi Saül fut-il créé roi par Samuel. De la même façon, Clovis fut fait roi pat l'onction sainte conférée par saint Rémi, et ses successeur par la consécration donnée par les évêques. Or, pas plu que le trône d'Israël n'a jamais été confié à une femme, I trône de France ne peut l'être pour les mêmes raisons [181]. »

Et Gerson, le grand Gerson, explique :

« Parce que le royaume a été édifié dans la foi du Christ par des dons admirables et par des prérogatives qui viennent du Ciel ; Telle est la Sainte Ampoule apportée pour que Clovis et ses successeurs fussent oints de la sain huile de ce chrême. En vertu de cette sacro-sainte onction, le roi des Francs, par le seul toucher de ses mains guéri les malades d'une certaine infirmité. *Une femme n'est pas jugée capable de faire cela alors qu'on lui interdit l'administration des sacrements* [182] ... »

R. de Maulde de Claviére écrit :

« La royauté française constitue une sorte de sacerdoce. *C'est un trône mystique.* Une si haute et si *divine magistrature ...* exclut l'idée de l'hérédité féminine. *Le caractère sacerdotal de la royauté était la base la plus solide de la règle appelée Loi Salique.* »

Et il poursuit :

« La foi chrétienne n'est pas seulement le régulateur de toute la vie de la France, *elle est cette vie même, le sang, la chair, la moelle de la société française,* son alpha et son oméga ... : *Tout vient de Dieu, tout remonte à lui, depuis le pouvoir royal jusqu'à l'obéissance des sujets* [183]. »

---

180. — I – *Rois*, IX, 15, 17 et X, 1.

181. — Bernard Basse, « *La Constitution de l'ancienne France* », p. 142.

182. — Œuvres de Gerson, , t. IV col. 850, édit. Ellies du Pin, Anvers 1706.

183. — De Maulde de Claviére, « *Les origines de la révolution française au XVIe siècle* », pp. 33 et 44, chez Leroux à Paris 1889.

IV

La loi salique et les traités d'Utrecht

La Loi Salique est la Loi Fondamentale du Royaume qui règle le droit et l'ordre de succession au Trône de France. C'est une loi fondamentale d'État ; elle n'émane pas du Roi, elle est au-dessus de lui comme aussi des Parlements. La tradition juridique et les principes de la diplomatie française assurent que *Dieu a créé cette loi et peut donc seul la modifier ou l'abolir.* C'est ce qu'aujourd'hui certains appelleraient une loi Constitutionnelle. En fait cette Loi est au-dessus de ces Lois dites constitutionnelles puisque celles-ci sont toujours modifiables par les hommes dans des circonstances précises ; La Loi Salique, elle, est de *droit divin.*

Que dit cette Loi ?

> « La Royauté est indivisible et déléguée héréditairement à la Race régnante, de mâle en mâle, par ordre de primogéniture, à l'exclusion perpétuelle des femmes et de leur descendance. »

Tel en est le résumé adopté par l'Assemblée Constituante en 1791, au chapitre deux, article premier.

Très justement Guizot remarque :

> « L'hérédité du Trône n'a d'autre objet que de mettre le droit sur le Trône afin qu'il y soit partout. »

C'est vraiment l'*ordre voulu par Dieu et duquel tous les autres droits découlent et peuvent se perpétuer.*

Cette Loi a toujours été appliquée au cours de notre Histoire [184], et, *pour la maintenir* contre les Anglais qui voulaient la violer, *Dieu n'hésita pas à faire un miracle* en envoyant Jeanne d'Arc,

Louis XIV, lors de la Succession d'Espagne — même s'il l'eût voulu, ce qui n'a jamais été — n'eut pas eu le pouvoir de l'abroger ni même de modifier cette Loi, quant à la descendance de son petit-fils, le duc d'Anjou, devenu Roi d'Espagne.

Le Roi en était tellement convaincu qu'il a pris grand soin d'en informer les Puissances Étrangères, lors des négociations préliminaires au Traité d'Utrecht et de leur faire savoir que tout acte qui serait imposé en violation de cette Loi Fondamentale du Royaume serait nulle « *de plano.* » Le marquis de Torcy, l'un des plénipotentiaires français, écrivait le 22 mars 1712 — donc avant le Traité — à Lord Bolinbroke :

> « La France ne peut jamais consentir à devenir province de l'Espagne, et l'Espagne pensera de même à l'égard de la France. Il est donc question de prendre des mesures solides pour empêcher l'union des deux Monarchies ; mais on s'écarterait

---

184.   — A propos de la Loi Salique, les Bénédictins dans « *L'Art de vérifier les Dates* », t. I, p. 535 (Édition de 1783 à Paris) écrivent :

« Childebert et Clotaire vers ce temps donnent une édition authentique de la Loi Salique, qui était proprement la Loi des Francs. Il est douteux si c'est ici la première rédaction ou la réformation de cette Loi. Ce qui est certain, c'est que les Francs, avant qu'ils eussent passé le Rhin, avaient une espèce de droit coutumier puisqu'il est dit dans la préface de la Loi Salique qu'on y abolit tout ce qui ressentait le Paganisme dans les anciennes coutumes des Francs. Cette Loi est intitulée « *Pactum Legis Salicæ* » ...

« L'an 558, Clotaire s'empare des États et des terres de Childebert, frère, mort seul enfant mâle ... Ces États lui appartenaient par une loi fondamentale de la Monarchie française. Agathias, auteur, grec du VIe siècle, dit, après avoir rapporté la mort Childebert : « Clotaire hérita seul de toute la Monarchie à l'exclusion de ses nièces, la coutume étant parmi les Francs que les femmes ne succèdent point au Trône. »

absolument du but qu'on se propose et l'on tomberait en des maux infinis, pires s'il est possible que celui qu'on veut maintenant éviter, *si l'on contrevenait aux lois fondamentales du royaume.* »

« Suivant ces lois, le prince le plus proche de la couronne en est héritier nécessaire. C'est un patrimoine qu'il ne reçoit ni du Roi son prédécesseur, ni du peuple, mais du bénéfice de la loi, sans attendre le consentement de qui que ce soit. Il succède non comme héritier, mais comme le maître du Royaume dont la seigneurie lui appartient, non par le choix, mais *par le seul droit de sa naissance.* Il n'est redevable de sa couronne ni au testament de son prédécesseur, ni à aucun édit, ni à aucun décret, ni enfin à la libéralité de personne *mais à la Loi, cette Loi est regardée comme l'ouvrage de Celui qui a établi toutes les monarchies* et nous sommes persuadés en France *que Dieu seul, la peut abolir, nulle renonciation ne peut donc la détruire,* et si le Roi d'Espagne donnait la sienne, pour le bien de la paix et par obéissance pour le Roi son grand-père, on se tromperait en la recevant comme un expédient suffisant pour prévenir le mal que l'on se propose d'éviter. »

Pendant plusieurs années, Louis XIV lutta ainsi avec la plus grande énergie pour démontrer la *nullité* des renonciations qu'on voulait imposer à son petits-fils, le Roi d'Espagne, et pour les repousser. Preuve formelle que cette condition a bien été imposée par la force, contrairement au Droit.

Les puissances Étrangères savaient que de telles clauses sont toujours considérées comme des clauses de style, mais pour sauver la face, elles passèrent outre à ces solennelles déclarations et protestations du Roi de France.

Elles étaient d'autant mieux éclairées sur ce point que, par ce Traité d'Utrecht, elles déchiraient elles-mêmes les clauses du Traité des Pyrénées qui rappelaient les renonciations au Trône d'Espagne des deux Reines de France Anne et Marie-Thérèse d'Autriche, pour elles et leurs descendants.

Du fait de ces renonciations et du testament de Philippe IV, son père, qui en interdisant aux descendants des deux Reines de monter sur le Trône d'Espagne violaient la Loi Fondamentale de succession de ce Royaume, le Roi Charles II avant de faire son testament, tint à consulter le Souverain Pontife pour savoir si, en conscience, pouvait désigner son petit-neveu, le duc d'Anjou, héritier t normal, comme successeur et héritier de ses États.

Après avoir pris conseil des Cardinaux Spada, Albani et Spinola san Cesareo, M Pape Innocent XII lui répondit, le 6 juillet 1700, que son *Devoir* était de désigner le due d'Anjou pour son successeur : ce que fit le Roi d'Espagne.

Le procureur Général du Royaume, d'Aguesseau remit, ses observations au Roi, au mois de février 1713 [185]. Il réfuta toutes les objections de droit public interne et international et il conclut quant à la renonciation du Roi d'Espagne :

> « On voudrait pouvoir se dispenser de remarquer icy que le Roi d'Espagne va par là beaucoup au delà de son pouvoir que suivant la propre doctrine de la France sur la renonciation de la Reyne, quand le Roy d'Espagne pourrait se nuire à luy-même, il ne pourrait jamais nuire à ses enfants, encore moins à des enfants déjà nés dans le temps de sa renonciation et que *tout ce qu'il a fait à cet égard est nul, inutile, inefficace*, comme le serait la renonciation qu'un père feroit pour ses enfants à des biens substitués qui leur doivent être déférés indépendamment de sa volonté et pour ainsi dire malgré luy ...

Et l'éminent juriste poursuit, au nom de ses collègues :

> « Ils croyent qu'il est de leur devoir de le dire, que le Roy qui peut leur imposer silence, ne seroit peut-estre pas content de leur

---

185.   — Archives des Affaires Étrangères : Espagne, tome 220, folios 62 à 71

zèle s'ils se l'imposoient eux-mêmes et que puisque Sa Majesté témoigne par ses Lettres Patentes avoir eut tant de peine à consentir à cette renonciation, *elle ne sera point surprise que des magistrats plus instruits des maximes du droit public que de celles de la politique remarquent* LA NULLITÉ D'UNE TELLE RENONCIATION ... »

Les Puissances Étrangères ayant imposé les renonciations des branches restées en France à la Couronne d'Espagne et de la branche régnant en Espagne à la Couronne de France, Louis XIV — afin que ces renonciations n'acquièrent jamais jusqu'à l'apparence d'une valeur quelconque — se refusa toujours à les faire approuver par les États Généraux du Royaume. Très adroitement, il les fit seulement enregistrer par ce Parlement qui venait, par la voix de ses plus hauts magistrats, de lui en déclarer la *nullité absolue* ...

Ces renonciations ont été imposées à la France en vertu du prétendu droit du plus fort et contrairement à toutes les traditions les plus légitimes et aux Lois Fondamentales du Royaume. Quel Français accepterait jamais de considérer comme intangible et inviolable un Traité imposé par l'ennemi à son Pays, en conséquence de sa défaite et en violation des droits les plus sacrés ?

Après le désastre de 1870, y eut-il un Français pour considérer comme irrévocablement perdues l'Alsace et la Lorraine ?

Refuser aux Princes de la branche espagnole leur rang dans la Maison de France serait s'incliner devant la volonté de l'Étranger, comme accorder le premier rang au Comte de Paris serait lui faire l'injure de le considérer comme ramené dans les fourgons de ce même Étranger.

L'Assemblée Constituante a maintenu la Loi Salique comme Loi fondamentale du Royaume (voir le § I, ci-dessus).

Lors de la discussion, un député orléaniste, Arnoult, ayant cherché à faire déclarer la branche régnante en Espagne exclue de la succession éventuelle au Trône de France, sa proposition fut mise en échec et l'Assemblée déclara : « Rien n'est préjugé sur l'effet des renonciations dans la race actuellement régnante. »

Le 1ᵉʳ mars 1793, la Convention Nationale décréta :

> « Tous les Traités … existants entre l'ancien gouvernement français
> et les puissances avec lesquelles la République est en guerre sont
> annulés. »

Or, la République fut en guerre avec tous les signataires des Traités d'Utrecht et de Rastadt. Depuis lors, dans aucune convention diplomatique, il n'a plus été question de ces Traités qui demeurent donc abrogés dans toutes les clauses autres que les modifications territoriales. Le Droit des Gens voulait au XVIIIᵉ siècle qu'une clause non territoriale d'un Traité antérieur soit réinsérée dans le Traité suivant sous peine de perdre toute valeur.

La branche d'Orléans, elle-même, par actes publics, officiels, souverains a démontré la nullité des renonciations imposés par les Traités d'Utrecht à la France et à l'Espagne.

En 1829, Louis-Philippe d'Orléans protesta contre le Testament de Ferdinand VII, Roi d'Espagne, abrogeant la Loi Salique dans son Royaume. Il fit établir un mémoire par un juriste éminent, Dupin l'aîné. Il ajouta au Prince de Polignac, Premier ministre de Charles X :

> « Si la Loi Salique n'était pas maintenue en Espagne, la renonciation
> par Philippe V au Trône de France serait frappée de nullité et
> ses descendants peuvent alors réclamer leurs droits à l'héritage

de Louis XIV. Or, comme petits-fils de ce monarque, ils passent avant mes enfants [186]. »

Quelques années après, en 1846-1847, le même Louis-Philippe, alors usurpateur et roi des français, fit établir par un autre juriste éminent, Charles Giraud, Professeur à la Faculté de Droit de Paris et Membre de l'Institut, la nullité des renonciations des Traités d'Utrecht, afin d'assurer à son fils, le duc de Montpensier, qui venait d'épouser la fille cadette de Ferdinand VII, et à leurs descendants leurs droits éventuels à la Couronne d'Espagne :

> « Si cette clause ... pouvait avoir une portée plus étendue que la séparation perpétuelle des deux Monarchies ; si ces formules devaient obtenir en effet ce résultat de frapper une race entière d'exclusion et d'incapacité, cette clause ne serait rien moins qu'une usurpation de pouvoir qu'aucune loi divine et humaine ne justifie, et un attentat sur les droits des générations à venir.

> « Il est des principes immuables sur la certitude desquels l'assentiment unanime des hommes a été acquis dans tous les siècles. Nul n'a le droit, ni heureusement le pouvoir, de mettre ainsi un caractère de mort civile à une série de générations ; des choses si exorbitantes sont forcément reléguées dans le domaine des « clauses de style », qui n'ont jamais été tenues pour obligatoires dans le droit commun des peuples civilisés de l'Europe [187]. »

Louis-Philippe fit plus ; par voie diplomatique, il obtint de l'Angleterre la reconnaissance de cette nullité. Ce faisant il a ajouté un argument de plus à l'encontre des prétentions illégitimes de sa postérité [188].

En théologien, Monseigneur Delassus déclare :

> *« Dieu fit dire par Jeanne d'Arc et il montra par k fait que sa volonté était non seulement que la France fut gouvernée par un Roi, mais*

---

186. — Louis Philippe d'Orléans se trompait : la renonciation de Philip était nulle « *de plano* », mais cette déclaration de la branche d'Orléans est intéressante à rappeler.

187. — Ch. Giraud, « *Le Traité d'Utrecht* » p. 131.

188. — Voir l'appendice suivant : « *À propos des prétentions des Orléans la Couronne de France.* »

que ce Roi ne pouvait être que le légitime, celui appelé art trône par la Loi Salique telle qu'elle fut interprétée et appliquée lors de la disparition des Capétiens directs. C'est à l'héritier de Philippe le Long et non au petit-fils d'Isabelle que Jeanne est envoyée *c'est à lui qu'elle dit : vous êtes le vrai roi.*

« *Ne pourrait-on dire que femme est venu mettre le sceau divin sur la Loi Salique* [189] *... »*

LOUIS PHILIPPE JOSEPH DUC D'ORLÉANS dit PHILIPPE ÉGALITÉ

(1747-1793)

En grand-maître des Francs-Maçons.

À sa demande, la commune de Paris prend le 15 septembre 1792 l'arrêté suivant : « *Louis Philippe Joseph et sa postérité porteront désormais le nom de famille Égalité.* » Quelques jours plus tard, Philippe Égalité est élu par la capitale à la Convention, le vingt-quatrième et dernier. Il vient siéger sur les bancs de la Montagne. Dans le procès du roi, n'écoutant que la vengeance ou la peur, on ne sait, il vote la mort de son cousin. Robespierre dira : « *Il était le seul membre qui pût se récuser.* »

Le 6 avril 1793, la Convention ordonne l'arrestation de tous les membres de la famille des Bourbons. Philippe Égalité est incarcéré à Marseille. Décrété d'accusation en octobre, il est condamné à mort par le Tribunal révolutionnaire de Paris comme coupable d'avoir aspiré à la royauté. Il est exécuté le 6 novembre.

Michel Garnier, vers 1777 – Chantilly, musée Condé.

189.　— Monseigneur Delassus, « *La Mission posthume de la Bienheureuse Jeanne d'Arc et le Règne social de Notre Seigneur Jésus-Christ* », p. 302.

V

À propos des prétentions des Orléans
à la couronne de France

Le 21 septembre 1872, Louis Veuillot publia dans « *Univers* » un article qui, approuvé par le Comte de Chambord met au point l'inanité des prétentions des Orléans.

> « Si la branche cadette de la Maison de France avait des droits à la succession de la Couronne, elle les tenait en qualité de fille de cette Maison, et elle avait alors envers elle des obligations à remplir. Elle lui devait aide et assistance, amour et dévouement. Comment s'en est-t-elle acquittée ? Philippe-Égalité n'a-t-il pas voté la mort du Roi ? Louis-Philippe n'a-t-il pas pris le Trône du Roi ? Et par la perpétration de ces deux crimes, la famille d'Orléans n'a-t-elle pas encouru la déchéance de tous ses droits ? N'a-t-elle pas, par cela même qu'elle se substituait à la Branche Aînée non seulement manqué à tous ses devoirs et perdu tous ses droits, mais encore renié le principe même de la légitimité pour en accepter un autre. Dans l'ordre de la succession légitime, les princes d'Orléans n'ont donc plus à cette heure aucun droit à la succession à la Couronne de France. »

Louis Veuillot a raison. Soyons nets :

Les Lois divines et humaines — d'accord avec la Morale.

Le Droit et la Justice — ne permettent pas d'hériter de sa victime. Ce ne sont pas des sentiments qui peuvent *créer un droit inexistant*, ni recréer un droit éventuel *irrévocablement perdu*.

Philippe-Égalité — même s'il était le fils de celui que les généalogies officielles lui donnent pour père, car il en est qui mettent en doute cette filiation — Philippe-Égalité a voté la mort de Louis XVI ; Louis-Philippe — que les Procès de Faenza et de Vérone disent fils du geolier Chiappini, de Modigliana [190] — a usurpé le Trône : leurs descendants ne peuvent donc plus hériter de la Couronne de France [191].

Il convient d'ajouter que le Comte de Chambord aura manqué à la Tradition s'il avait désigné son successeur. Le Roi n'a pas à faire acte de prétendant, comme pourraient le faire ceux qui ont des suffrages à rechercher. Il est le Roi de par sa naissance ; qu'il le veuille ou non, il est saisi par ce Droit. Il est le Roi et personne d'autre que Lui ne peut l'être.

Le Comte Henry de Vanssay, qui fut pendant trente ans le secrétaire particulier du Comte de Chambord, a laissé un témoignage écrit à sa famille, témoignage capital à un double titre : il élimine définitivement les prétentions des Orléans et il ouvre les voies de l'avenir. Nous avons déjà cité ce qu'il dit au sujet de la Survivance de Louis XVII, inutile d'y revenir. Mais sur le premier point, il atteste qu'ayant assisté aux derniers moments du Comte de Chambord, il a entendu le Prince dire sur son lit de mort à son confesseur et devant témoins :

---

190.   — Voir la très importante étude publiée par le Docteur Renato Zanelli dans la « *Rivista Araldica* », à Rome : « *L'Histoire du Roi Chiappini et de Maria Stella Newborough* ». Traduction française par la Comtesse Marthe de Digoine du Palais, aux Éditions Méridionales à Nîmes, en 1934. Il est particulièrement éloquent que la grande revue nobiliaire italienne ait publié une telle étude alors que le propre cousin du Roi, le duc d'Aoste avait épousé en 1895 Hélène d'Orléans et que le fils de ces derniers avait épousé en 1927 sa cousine, Anne d'Orléans et que toutes deux vivaient lors de cette publication ...

191.   — Faut-il rappeler que le fils aîné de Louis-Philippe prescrivait dans son testament en 1840 à son héritier d'être « TOUJOURS LE SERVITEUR EXCLUSIF ET PASSIONNÉ DE LA FRANCE ET DE LA RÉVOLUTION. » Révolution sans laquelle les Orléans ne seraient rien et qui leur a ouvert les portes du pouvoir, mais d'un pouvoir illégitime et révolutionnaire, – donc satanique.

> *« Comme chrétien, je pardonne au duc d'Orléans, tout le mal qu'il m'a fait, mais jamais je ne l'ai reconnu et je ne le reconnaîtrai jamais comme prétendant au Trône de France. »*

> « Ceci, les d'Orléans l'ont toujours nié et disent qu'ils ont été reconnus par le Comte de Chambord comme héritiers du Trône : *C'est absolument faux.* »

Deux autres confidents du Prince, de leur côté, dans leurs ouvrages ont affirmé que *jamais le Comte de Chambord n'a reconnu les prétentions des d'Orléans* : le Comte Joseph du Bourg et Hilaire de Curzon [192]. De son côté, le Père Bole, Aumônier du Prince, n'a jamais cessé de confirmer la chose.

Le Prince avait déclaré :

> « Je ne veux pas que mon corps serve de marchepied aux d'Orléans. »

Le Ciel, Lui-même, a pris position à l'encontre des d'Orléans.

Le 20 novembre 1843, sous le gouvernement de Louis-Philippe, Notre Seigneur disait à Marie Lataste, religieuse du Sacré-Cœur parlant de la France :

> *« Je lui ai suscité des rois, elle en a choisi d'autres à son gré... Ne voit-elle pas que je me sers même de sa volonté pour la punir,* pour lui faire lever les yeux vers moi ?

> « Ne trouve-t-elle pas aujourd'hui le joug de son roi pénible et onéreux ?

> « Ne se sent-elle pas humiliée devant les nations ?

---

192. — Comte Joseph Du Bourg, « *Les entrevues des princes à Frohsdorf 1873-1883 – La vérité et la légende.* »

- Du même auteur : « *Le Droit Monarchique* » (1883).
- Hilaire De Curzon : « *De la nationalité des Princes de la branche aînée des Bourbons.* »
- Du même auteur : « *Une mise au point : la vérité sur la réconciliation – La question du drapeau.* »
- Enfin la thèse de doctorat en Droit du Prince Sixte de Bourbon : « *Les Traités d'Utrecht et les Lois fondamentales du Royaume.* »

Ajoutons toutefois que ces ouvrages ne tiennent et ne pouvaient tenir compte de la survivance de Louis XVII, encore actuellement caché et qui est cependant la seule vérité du point de vue DROIT DIVIN.

« Ne voit-elle pas la division parmi les esprits de ses populations ?
« Elle n'est point en paix [193] … »

À notre connaissance, il n'est pas une âme mystique qui reconnaisse les prétentions des d'Orléans. Citons, entre autres, Mélanie Calvat :

« Je n'ai jamais annoncé le retour des d'Orléans et je croirais un châtiment de Dieu sur la France s'ils remontaient sur le Trône … »

Marie-Julie Jahenny, la stigmatisée de la Fraudais en Bretagne, a souvent affirmé que les d'Orléans étaient *une branche maudite* et qu'ils ne régneraient jamais plus.

Le 28 mai 1877, Notre Seigneur lui dit :

« Depuis que Louis XVI est mort sur l'échafaud, la France est menacée de périls et de malheurs. Celui qui l'a fait mettre à mort a attiré sur tous ses descendants la malédiction du ciel. Ils n'auront jamais place parmi mon peuple français … J'appelle au secours de la France mon serviteur Henri [194]. »

MAXIMIN GIRAUD ET MÉLANIE CALVAT

La Sainte Vierge en pleur apparue le 19 septembre 1846 sur la Montagne de la Salette. Chacun des deux enfants a reçu un secret personnel.

Maximin a livré le sien au pape en 1851. Il a été révélé en 2000, bien que connu approximativement avant.

Mélanie a livré un résumé du sien au pape en 1851, révélé en 2000. Elle ne pouvait découvrir le sien qu'après 1858. Elle l'a fait formellement en 1879.

---

193.   — Abbé Pascal Darbins, « *Vie de Marie Lataste* », t. III, p. 321.

194.   — « *Journal de l'abbé David* » t. XXXV, p. 54. L'abbé David était directeur spirituel de Marie-Julie.

VI

Texte officiel de la consécration de la France à la Très Sainte Vierge par le roi Louis XIII

« Louis, par la grâce de Dieu roi de France et de Navarre, Dieu qui élève les rois au trône de leur grandeur, non content de nous avoir donné l'esprit qu'il départ à tous les princes de la terre pour la conduite de leurs peuples, a voulu prendre un soin si spécial et de notre personne et de notre État, que nous ne pouvons considérer le bonheur du cours de notre règne, sans y voir autant d'effets merveilleux de sa bonté, que d'accidents qui nous pouvaient perdre.

« Lorsque nous sommes entrés au gouvernement de cette couronne, la faiblesse de notre âge donna sujet à quelques mauvais esprits d'en troubler la tranquillité ; *mais cette main divine soutint avec tant de force la justice de notre cause,* que l'on vit en même temps la naissance et la fin de ces pernicieux desseins. En divers autres temps, l'artifice des hommes et la malice du diable ayant suscité et fomenté des divisions non moins dangereuses pour notre couronne que préjudiciables au repos dei notre maison, il Lui a plu en détourner le mal avec autant de douceur que de justice.

« La rébellion de l'hérésie ayant aussi formé un parti dans l'État, qui n'avait d'autre but que de partager notre autorité, il s'est servi de nous pour en abattre l'orgueil, et a permis que nous ayons relevé ses saints autels en tous les lieux où la violence de cet injuste parti en avait ôté les marques.

« Si nous avons entrepris la protection de nos alliés, Il a donné des succès si heureux à nos armes, qu'à la vue de toute l'Europe, contre l'espérance de tout le monde, nous les avons rétablis en la possession de leurs états dont ils avaient été dépouillés.

« *Si les plus grandes forces des ennemis de cette couronne se sont ralliées pour conspirer sa ruine, il a confondu leurs ambitieux desseins pour faire voir à toutes les nations, que* COMME SA PROVIDENCE A FONDÉ CET ÉTAT, SA BONTÉ LE CONSERVE ET SA PUISSANCE LE DÉFEND.

« Tant de grâces si évidentes font que, pour n'en différer pas la reconnaissance, sans attendre la paix, qui nous viendra de la même main dont nous les avons reçus, et que nous désirons avec ardeur pour en, faire sentir les fruits aux peuples qui nous sont commis, nous avons crû être obligé, nous prosternant aux pieds de sa majesté divine que nous adorons en Trois Personnes, à ceux de la Sainte Vierge et de la Sacrée Croix, où nous vénérons l'accomplissement des mystères de notre Rédemption par la vie et la mort du Fils de Dieu en notre chair, *de nous consacrer à la grandeur de Dieu* par son Fils rabaissé jusqu'à nous et à ce Fils par sa Mère élevée jusqu'à Lui ; en la protection de Laquelle nous mettons particulièrement notre personne, notre État, notre couronne et tous nos sujets pour obtenir par ce moyen celle de la Sainte Trinité, par son intercession et de toute la cour céleste par son autorité et exemple, nos mains n'étant pas assez pures pour présenter nos offrandes à la pureté même, nous croyons que celles qui ont été dignes de Le porter, les rendront hosties agréables et c'est chose bien raisonnable qu'ayant été *médiatrice* de ces bienfaits, Elle le soit de nos actions *de grâces*.

« *À ces causes, nous avons déclaré et déclarons que prenant la très Sainte Vierge pour protectrice spéciale de notre royaume, nous lui consacrons particulièrement notre personne, notre État, notre couronne et nos sujets,* La suppliant de nous vouloir inspirer une sainte conduite et défendre avec tant de soin ce royaume contre l'effort de tous ses ennemis, que, soit qu'il souffre le fléau de la guerre, ou, jouisse de la douceur de la paix que nous demandons à Dieu de tout notre cœur, il ne sorte point des voies de la grâce qui conduisent à celles de la gloire. Et afin que la postérité ne puisse manquer à suivre nos volontés en ce sujet, pour monument et marque immortelle de la consécration présente que nous faisons, nous ferons construire de nouveau le Grand Autel de l'Église Cathédrale de Paris avec une image de la Vierge qui tienne en ses bras celle de son précieux Fils descendu de la Croix et où nous serons représenté au pieds du Fils et de la Mère comme leur offrant notre couronne et notre sceptre.

« Nous admonestons le sieur Archevesque de Par néanmoins lui enjoignons que tous les ans le jour et fête de l'Assomption, il fasse faire commémoration de notre présente déclaration à la Grand'Messe qui se dira en sa Église Cathédrale et qu'après les Vêpres du dit-jour, il soi fait une procession en la-dite Église à laquelle assistera toutes les compagnies souveraines et le corps de ville, a pareille cérémonie que celle qui s'observe aux processions générales les plus solennelles ; ce que nous voulons aussi être fait en toutes les églises tant paroissiales que celles des monastères de la dite ville et en toutes les villes, bourgs et villages du dit diocèse de Paris.

« Exhortons pareillement tous les Archevesques et Evesques de notre royaume et néanmoins leur enjoignons de faire célébrer la même solennité en leurs Églises Épiscopales et autres Églises de leur diocèse : entendant qu'à la dite cérémonie les Cours de Parlement et autres compagnies souveraines et les principaux officiers de ville y soient présents ; et d'autant qu'il y a plusieurs épiscopales qui ne sont pas dédiées à la Vierge, nous exhortons les-dits Archevesques et Evesques en ce cas de lui dédier la principale chapelle des dites Églises pour y être faite la dite cérémonie et d'y élever un autel avec un ornement convenable à une action si célèbre et *d'admonester tous nos peuples d'avoir une dévotion particulière à la Vierge*, d'implorer en ce jour sa protection afin que sous une si puissante Patronne notre royaume soit à couvert de toutes les entreprises de ses ennemis, qu'il jouisse largement d'une bonne paix ; que Dieu y soit servit et révéré si saintement que nous et nos sujets puissions arriver heureusement à la dernière fin pour laquelle nous avons été créés : car tel est notre plaisir.

« Donné à Saint-Germain-en-Laye,
Le 10 février 1638. *Signé* : Louis. »

Lettre apostolique proclamant Notre Dame de l'Assomption patronne principale de la France ; et sainte Jeanne d'Arc patronne secondaire

« Pie XI. Pape pour perpétuelle mémoire,

« Les Pontifes Romains Nos prédécesseurs ont toujours, au cours des siècles, comblé des marques particulières de leur affection la France, justement appelée la Fille Aînée de l'Église. Notre prédécesseur de sainte mémoire, le Pape Benoit XV, qui eut profondément à cœur le bien spirituel de la France, a pensé à donner à cette nation, noble entre toutes, un gage spécial de sa bienveillance.

« En effet, lorsque, récemment, Nos Vénérables Frères les cardinaux, archevêques et évêques de France, d'un consentement unanime, lui eurent transmis par Notre Vénérable Frère Stanislas Touchet, évêque d'Orléans, des supplications ardentes et ferventes pour qu'il daignât proclamer patronne principale de la nation française la bienheureuse Vierge Marie reçue au Ciel, et seconde patronne céleste, sainte Jeanne pucelle d'Orléans, Notre prédécesseur fut d'avis de répondre avec bienveillance à ces pieuses requêtes. Empêché par la mort, il ne put réaliser le dessein qu'il avait conçu. Mais à Nous, qui venons d'être élevé par la grâce divine sur la Chaire sublime du Prince des apôtres, il Nous est doux et agréable de remplir le vœu de notre très regretté prédécesseur et, par Notre Autorité suprême, de décréter ce qui pourra devenir pour la France une cause de bien, de prospérité et de bonheur.

« Il est certain, selon un ancien adage, que « *le royaume de France* » *a été appelé le « royaume de Marie », et cela à juste titre.* Car, depuis les premiers siècles de l'Église jusqu'à notre temps, Irénée et Eucher de Lyon, Hilaire de Poitiers, Anselme, qui, de France passa en Angleterre comme Archevêque, Bernard de Clairvaux, François de Sales et nombre d'autres saints docteurs, ont célébré Marie et ont contribué à promouvoir et amplifier à travers la France le culte de la Vierge Mère de Dieu. *À Paris, dans la célèbre université de Sorbonne, il est historiquement prouvé que : dés le treizième siècle la Vierge a été proclamée conçue sans péché.*

« Même les monuments sacrés attestent d'éclatante manière l'antique dévotion du peuple à l'égard de la Vierge : trente quatre églises cathédrales jouissent du titre de la Vierge Mère de Dieu, parmi lesquelles on aime à rappeler comme les plus célèbres, celles qui s'élèvent à Reims, à Paris, à Amiens, à Chartres, à Coutances et à Rouen. L'immense affluence des fidèles accourant de loin chaque année, même de notre temps, aux sanctuaires de Marie, montre clairement ce que peut dans le peuple la piété envers la Mère de Dieu, et plusieurs fois par an la basilique de Lourdes, si vaste qu'elle soit, paraît incapable de contenir les foules innombrables de pèlerins.

« La Vierge-Mère en personne, trésorière de Dieu de toutes les grâces a semblé, par les apparitions répétées, approuver et confirmer la dévotion du peuple français.

« Bien plus, les principaux et les chefs de la nation se sont fait gloire longtemps d'affirmer et de défendre cette dévotion envers la Vierge. Converti à la vrai foi du Christ, Clovis s'empresse, sur les ruines d'un temple druidique, de poser les fondements de l'Église Notre-Dame, qu'acheva son fils Childebert. Plusieurs temples sont dédiés à Marie par Charlemagne. Les ducs de Normandie proclament Marie Reine de la nation. Le roi saint Louis récite dévotement chaque jour l'office de la Vierge. Louis XI, pour l'accomplissement d'un vœu, édifie à Cléry un temple à Notre-Dame. Enfin, Louis XIII consacre le royaume de France à Marie et ordonne que chaque année, en la fête de l'Assomption de la Vierge, on célèbre dans tous les diocèses de France de solennelles fonctions et ces pompes solennelles. Nous n'ignorons pas qu'elles continuent de se dérouler chaque année.

« En ce qui concerne la Pucelle d'Orléans que Notre prédécesseur a élevée aux suprêmes honneurs des saints, personne ne peut mettre en doute que ce soit *sous les auspices de la Vierge qu'elle ait reçu et remplit la mission de sauver la France.* Car d'abord, c'est sous le patronage de Notre-Dame de Bermont, puis sous celui de la Vierge d'Orléans, enfin de la Vierge de Reims, qu'elle entreprit d'un cœur viril une si grande œuvre, qu'elle demeura sans peur en face des épées dégainées et sans tâche au milieu de la licence des camps, qu'elle délivra sa patrie du suprême péril et rétablit le sort de la France. C'est après avoir reçu le conseil de ses voix célestes qu'elle ajouta sur son glorieux étendard le nom de Marie à celui de Jésus, vrai roi de France. Montée sur le bûcher, c'est en murmurant au milieu des flammes en un cri suprême, les noms de Jésus et de Marie, qu'elle s'envola au ciel. Ayant donc éprouvé *le secours évident de la pucelle d'Orléans, que la France reçoive la faveur de cette seconde patronne céleste :* c'est ce que réclament le clergé et le peuple, ce qui fut déjà agréable à Notre prédécesseur et qui Nous plaît à Nous-même.

« C'est pourquoi, après avoir pris les conseils de Nos Vénérables Frères les cardinaux de la Sainte Église Romaine préposés aux Rites, « *motu proprio* », *de science certaine et après mure délibération, dans la plénitude de Notre pouvoir apostolique, par la force des présentes et à perpétuité, Nous déclarons et confirmons que la Vierge Marie Mère de Dieu, sous le titre de son Assomption dans le Ciel, a été régulièrement choisie comme principale patronne de toute la France auprès de Dieu, avec tous les privilèges et les honneurs que comportent ce noble titre et cette dignité.*

« De plus écoutant les vœux pressants des évêques, du clergé et des fidèles des diocèses et des missions de la France, *Nous déclarons avec la plus grande joie et établissons l'illustre pucelle d'Orléans,* admirée et vénérée spécialement par tous les catholiques de France *comme l'héroïne de la religion et de la patrie, Sainte Jeanne d'Arc vierge, patronne secondaire de la France,* choisie par le plein suffrage du peuple, *et cela encore d'après Notre Suprême autorité apostolique, concédant également tous les honneurs et privilèges que comporte selon le droit ce titre de seconde patronne.*

« En conséquence, Nous prions Dieu, auteur de tous biens, que, par l'intercession de ces deux célestes patronnes, la Mère de Dieu élevée au Ciel et sainte Jeanne d'Arc, vierge, ainsi que des autres saints patrons des lieux et titulaires des églises, tant des diocèses que des missions, la France catholique, ses espérances tendues vers la vraie liberté et son antique dignité, soit vraiment la fille première-née de l'Église Romaine ; qu'elle échauffe, garde, développe par la pensée, l'action, l'amour, ses antiques et glorieuses traditions pour le bien de la religion et de la patrie.

« Nous concédons ces privilèges, décidant que les présentes Lettres
soient et demeurent toujours fermes, valides et efficaces, qu'elles
obtiennent et gardent leurs effets pleins et entiers, qu'elles soient,
maintenant et dans l'avenir, pour toute la nation française, le
gage le plus large des secours célestes ; qu'ainsi *il en faut juger
définitivement, et que soit tenu pour vain dès maintenant et de nul
effet pour l'avenir tout ce qui porterait atteinte à ces décisions, du fait
de quelque autorité que ce soit, sciemment ou inconsciemment.
Nonobstant toutes choses contraires.*

« Donné à Rome, près saint Pierre, sous l'anneau du Pécheur,
le 2 du mois de mars de l'année 1922,
de Notre Pontificat la première année. »

PIE XI

Le 6 février 1922, le conclave réuni à Rome pour trouver un successeur
à Benoît XV, décédé le 22 janvier, se conclut par l'élection d'Achille Ratti.

Photo par ullstein bild.

VII

Discours du Cardinal Pacelli, légat et secrétaire d'État de Pie XI, à Notre-Dame de Paris le 13 juillet 1937

« Tandis que dans la majesté des fonctions liturgiques, entouré d'une foule immense qui manifestait sa foi enthousiaste et sa tendre dévotion, je célébrais au nom du Souverain Pontife l'inauguration de la basilique érigée en l'honneur de sainte Thérèse de l'Enfant-Jésus, une inexprimable émotion m'envahissait le cœur, d'une suavité si pénétrante que je ne voyais pas sans un mélancolique regret approcher le moment de m'éloigner de Lisieux, où je venais de vivre ces heures inoubliables et vraiment célestes (195).

---

195.   — *Actes de S. S. Pie XI*, tome I, pp. 20 à 25, (Bonne Presse.)

« Mais voici que le parfum dont mon âme était embaumée me suivait m'accompagnait au cours de mon voyage de retour, à travers la luxuriante fécondité des plaines et des collines de France, de la douce terre de France, souriante dans la splendeur de sa parure d'été.

« Et ce parfum m'accompagne encore ; il m'accompagnera désormais partout Mais à me trouver aujourd'hui en cette capitale de la grande nation au cœur même de cette patrie toute chargée des fruits de la terre, tout émaillée des fleurs du ciel, du sein de laquelle a germé, sous le soleil divin, la fleur exquise du Carmel, si simple en son héroïque sainteté, si sainte en sa gracieuse simplicité ; à me trouver ici en présence de toute une élite des fils et des filles de France, devant deux cardinaux qui honorent l'Église et la patrie, l'un pasteur dont la sagesse et la bonté s'emploient à garder la France fidèle à sa vocation catholique, l'autre docteur, dont la science illustra naguère ici-même cette glorieuse vocation, mon émotion redouble encore, et la première parole qui jaillit de mon cœur à mes lèvres es pour vous porter à vous et, en vous, à tous les autres fils et filles de France, le salut, le sourire de la grande «petite Sainte », *flos campi et lilium convallium* (*Cant.*, II, 1), *decor Carmeli* (*Is.*, XXXV, 2), messagère de la miséricorde et de la tendresse divine pour transmettre à la France, à l'Église, au monde entier, à ce monde trop souvent vide d'amour, sensuel, pervers, inquiet, des effluves d'amour, de pureté, de candeur et de paix.

« Mais ce n'est pas seulement le charme de Lisieux et de sa « petite fleur » qui me hante en ce moment, dans la chaire de cette cathédrale, c'est aussi l'impression que fait naître en moi cette cathédrale elle-même.

« Comment dire, mes Frères, tout ce qu'évoque en mon esprit, en mon âme, comme dans l'âme et dans l'esprit de tout catholique, je dirais même dans toute âme droite et dans tout esprit cultivé, le seul nom de Notre Dame de Paris ! Car ici c'est l'âme même de la France, l'âme de la fille aînée de l'Église, qui parle à mon âme. Âme de la France d'aujourd'hui qui vient dire ses aspirations, ses angoisses et sa prière ; âme de la France de jadis dont la voix, remontant des profondeurs d'un passé quatorze fois séculaire, évoquant les *Gesta Dei per Francos*, parmi les épreuves aussi bien que parmi les triomphes, sonne aux heures critiques comme un chant de noble fierté et d'imperturbable espérance. Voix de Clovis et de Clotilde, voix de Charlemagne, voix de saint Louis surtout, en cette île où il semble vivre encore et qu'il a parée, en la Sainte-Chapelle, de la plus glorieuse et de la plus sainte des couronnes ; voix aussi des grands docteurs de l'Université de Paris, des maîtres dans la foi et dans la sainteté … Leurs souvenirs, leurs noms inscrits sur vos rues, en même temps qu'ils proclament la vaillance et la vertu de vos aïeux, jalonnent comme une route triomphale l'histoire d'une France qui marche et qui avance en dépit de tout, d'une France qui ne meurt pas !

« Oh ! ces voix ! J'entends leur innombrable harmonie résonner dans cette cathédrale, chef-d'œuvre de votre génie et de votre amoureux labeur, qui l'ont dressée comme le monument de cette prière, de cet amour, de cette vigilance, dont je trouve le symbole parlant en cet autel où Dieu descend sous les voiles eucharistiques, en cette voûte qui nous abrite tous ensemble sous le manteau maternel de Marie, en ces tours qui semblent sonder l'horizon serein ou menaçant, gardiennes vigilantes de cette capitale.

« Prêtons l'oreille à la voix de Notre-Dame de Paris.

I

« Au milieu de la rumeur incessante de cette immense métropole, parmi l'agitation des affaires et des plaisirs, dans l'âpre tourbillon de la lutte pour la vie, témoin apitoyé des désespoirs stériles et des joies décevantes, Notre-Dame de Paris, toujours sereine en sa calme et pacifiante gravité, semble répéter sans relâche à ceux qui passent : *Orate fratres*, Priez, mes Frères ; elle semble, dirai-je volontiers, être elle-même un *orate fratres* de pierre, une invitation perpétuelle à la prière.

« Nous les connaissons, les aspirations, les préoccupations de la France d'aujourd'hui ; la génération présente rêve d'être une génération de défricheurs, de pionniers, pour la restauration d'un monde chancelant et désaxé ; elle se sent au cœur l'entrain, l'esprit d'initiative, le besoin irrésistible d'action, un certain amour de la lutte et du risque, une certaine ambition de conquête et de prosélytisme au service de quelque idéal. Or, si selon les hommes et les partis, l'idéal est bien divers — et c'est le secret de tant de dissensions douloureuses, — l'ardeur de chacun est la même à poursuivre la réalisation, le triomphe universel de son idéale ; et c'est, en grande partie, l'explication de l'âpreté et de l'irréductibilité de ces dissensions.

« Mais ces aspirations même que, malgré la grande variété de leurs manifestations, nous retrouvons à chaque génération française depuis les origines, comment les expliquer ? Inutile d'invoquer je ne sais quel fatalisme ou quel déterminisme racial. À la France d'aujourd'hui, qui l'interroge, la France d'autrefois va répondre en donnant à cette hérédité son vrai nom : *La vocation.* Car, mes Frères, *les peuples, comme les individus ont leur vocation providentielle ;* comme les individus, ils sont prospères ou misérables, ils rayonnent ou demeurent obscurément stériles, selon qu'ils sont dociles ou rebelles à leur vocation.

« Fouillant de son regard d'aigle le mystère de l'histoire universelle et de ses déconcertantes vicissitudes, le grand évêque de Meaux écrivait : « *Souvenez-vous que ce long enchaînement des causes particulières, qui font et qui défont les empires, dépend des ordres secrets de la Providence. Dieu tient du plus haut des cieux les rênes de tous les royaumes ; il a tous les cœurs en sa main, tantôt il retient les passions ; tantôt il leur lâche la bride, et par là il remue tout le genre humain… C'est ainsi que Dieu règne sur tous les peuples. Ne parlons plus de hasard ni de fortune ; ou parlons-en seulement d'un nom dont nous couvrons notre ignorance.* » (Bossuet, « *Discours sur l'histoire Universelle* », IIIe partie, ch. VIII.)

« Le passage de la France dans le monde à travers les siècles est une vivante illustration de cette grande loi de l'histoire : *La mystérieuse et pourtant évidente corrélation entre l'accomplissement du devoir naturel et celui de la mission surnaturelle d'un peuple.*

« Du jour même où le premier héraut de l'Évangile posa le pied sur cette terre des Gaules et où, sur les pas du Romain conquérant, il porta la doctrine de la croix, *de ce jour-là même, la foi au Christ, l'union avec Rome, divinement établie centre de l'Église, deviennent pour le peuple de France la loi même de sa vie. Et toutes* les perturbations toutes les révolutions, n'ont jamais fait que confirmer, d'une manière éclatante, *l'inéluctable force de cette loi.*

« L'énergie indomptable à poursuivre l'accomplissement de sa mission a enfanté pour votre patrie des époques mémorables de grandeur, de gloire, en même temps que de large influence sur la grande famille des peuples chrétiens. Et si votre histoire présente aussi ses pages tragiquement douloureuses, c'était aux heures où l'oubli des uns, la négation des autres, obscurcissaient, dans l'esprit de ce peuple, la conscience de sa vocation religieuse et la nécessité de mettre en harmonie la poursuite des fins temporelles et terrestres de la patrie avec les devoirs inhérents à une si noble vocation.

« Et néanmoins, une lumière resplendissante ne cesse de répandre sa clarté sur toute l'histoire de votre peuple ; cette lumière qui, même aux heures les plus obscures, n'a jamais subi d'éclipse, c'est toute la suite ininterrompue de saints et de héros qui, de la terre de France, sont montés vers le ciel. Par leurs exemples et par leur parole, ils brillent comme des étoiles au firmament, *Quasi stella in perpetuas aeternitates* (*Dan.*, XII, 3), pour guider la marche de leur peuple, non seulement dans la voie du salut éternel, mais dans son ascension vers une Civilisation toujours plus haute et plus délicate.

« Saint Rémi, qui versa l'eau du baptême sur la tête de Clovis ; saint Martin, moine, évêque, apôtre de la Gaule ; saint Césaire d'Arles ; ceux-là et tant d'autres se profilent avec un relief saisissant sur l'horizon de l'histoire, dans cette période initiale qui, pour troublée qu'elle fût, portait cependant en son sein tout l'avenir de la France. Et sous leur action, l'Évangile du Christ commence et poursuit, à travers tout le territoire des Gaules, sa marche conquérante, au cours d'une longue et héroïque lutte Contre l'esprit d'incrédulité et d'hérésie, contre les défiances et les tracasseries de puissances terrestres, cupides et jalouses. De ces siècles d'effort courageux et patient devait sortir enfin la France catholique, cette *Gallia sacra*, qui va de Louis, le saint roi, à Benoît-Joseph Labre, le saint mendiant ; de Bernard de Clairvaux à François de Sales, à l'humble Curé d'Ars ; de Geneviève, la bergère de Nanterre, à Bernadette, l'angélique pastourelle de Lourdes ; de Jeanne d'Arc, la vierge guerrière, la sainte de la patrie, à Thérèse de l'Enfant-Jésus, la vierge du cloître, la sainte de la « petite voie. »

« La vocation, la mission religieuse de la France ! mes Frères, mais cette chaire même ne lui rend-t-elle pas témoignage ? Cette chaire qui évoque le souvenir des plus illustres maîtres, orateurs, théologiens, moralistes, apôtres, dont la parole, depuis des siècles, franchissant les limites de cette nef, prêche la lumineuse doctrine de vérité, la sainte morale de l'Évangile, l'amour de Dieu pour le monde, les repentirs et les résolutions nécessaires, les luttes à soutenir, les conquêtes à entreprendre, les grandes espérances de salut et de régénération.

« À monter, même pour une seule fois et par circonstance, en cette chaire après de tels hommes, on se sent forcément, j'en fais en ce moment l'expérience, bien petit et bien pauvre ; à parler dans cette chaire qui retentit de ces grandes voix, je me sens étrangement confus d'entendre aujourd'hui résonner la mienne.

« Et malgré cela, *quand je pense au passage, à la mission, aux devoirs présents de la France, au rôle que la France peut, qu'elle* DOIT *jouer pour l'avenir, en un mot à sa vocation,* comme je voudrais avoir l'éloquence d'un Lacordaire, l'ascétique pureté d'un Ravignan, la profonde l'élévation théologique d'un Monsabré, la finesse psychologique d'un Mgr d'Hulst et son intelligente compréhension de son temps ! » Alors *avec toute l'audace d'un homme qui sent la gravité de la situation, avec l'amour sans lequel n'y a pas de véritable apostolat, avec la claire connaissance des réalités présentes, condition indispensable de tout rénovation, comme je crierais d'ici à tous les fils et filles de France :* « *Soyez fidèles à votre traditionnelle vocation !* Jamais heure n'a été plus grave pour vous en imposer les devoirs, jamais heure plus belle pour y répondre. Ne laissez pas passer l'heure, ne laissez pas s'étioler des dons que Dieu a adaptés à la mission qu'il vous confie ; ne les gaspillez pas, ne les profanez pas au service de quelque autre idéal trompeur, inconscient ou moins noble et moins digne de vous !

« Mais pour cela, je vous le répète, écoutez la voix qui vous crie : « *Priez orates fratres* » Sinon, vous ne feriez qu'œuvre humaine, et, à l'heure présente, en face des forces adverses, l'œuvre purement humaine est vouée à la stérilité, c'est à dire à la défaite ; ce serait la faillite de votre vocation.

II

« Oui, c'est bien cela que j'entends dans le dialogue de la France d'autrefois et de la France d'aujourd'hui. Et Notre-Dame de Paris, au temps où ses murs montaient de la terre, était vraiment l'expression joyeuse d'une communauté, de foi et de sentiments qui, en dépit de tous les différents et de toutes les faiblesses, inséparables de l'humaine fragilité, unissait tous vos pères en un *orate fratres* dont la toute-puissante, douceur dominait toutes les divergences accidentelles. À présent, cet *orate fratres*, la voix de cette cathédrale ne cesse de le répéter ; mais combien de cœurs dans lesquels il ne trouve plus d'écho ! Combien de cœurs pour lesquels il ne semble plus être qu'une provocation à renouveler le geste de Lucifer, dans l'orgueilleuse ostentation de leur incrédulité ! Cette voûte, sous laquelle s'est manifestée en des élans magnifiques l'âme de la France d'autrefois et où, grâce à Dieu, se manifestent encore la foi et l'amour de la France d'aujourd'hui, cette voûte qui, il y a sept siècles, joignit ses deux bras vers le ciel comme pour y porter les prières, les désirs, les aspirations d'éternité de vos aïeux et les vôtres, pour recevoir et vous transmettre en retour la grâce et les bénédictions de Dieu ; cette voûte sous laquelle, en un temps de crise et d'incrédulité, dans son orgueil superbe, a célébré ses éphémères triomphes pour la profanation de ce qu'il y a de plus saint devant le ciel ; cette voûte, mes Frères, contemple aujourd'hui un monde qui a peut-être plus besoin de rédemption qu'en aucune autre époque de l'histoire et qui, en même temps, ne s'est jamais cru plus capable de s'en passer.

« Aussi tandis que je considère cet état de choses et la tâche gigantesque qui, de ce chef, incombe à la génération présente, je crois entendre ces pierres vénérables murmurer avec une pressante tendresse l'exhortation à l'amour ; et moi-même, avec le sentiment de la plus fraternelle affection je vous la redis, à vous qui croyez à la vocation de la France : « Mes Frères, aimez ! *amate fratres* ! »

« Tout ce monde qui s'agite au dehors, et dont le flot, comme celui d'une mer déchaînée, vient battre incessamment de son écume de discordes et de haine les rives tranquilles de cette cité, de cette île consacrée à la Reine de la paix, Mère du bel amour ; ce monde-là, comment trouvera-t-il jamais le calme, la guérison, le salut, si vous-mêmes, qui, par une grâce toute gratuite, jouissez de la foi vous ne réchauffez pas la pureté de cette foi personnelle à l'ardeur irrésistible de l'amour, sans lequel il n'est point de conquête dans le domaine de l'esprit et du cœur ? Un amour qui sait comprendre, un amour qui se sacrifie et qui, par son sacrifice, secourt et transfigure ; voilà le grand devoir d'aujourd'hui. Sages programmes, larges organisations, tout cela est fort bien ; mais avant tout, le travail essentiel est celui qui doit s'accomplir au fond de vous-mêmes, sur votre esprit, sur votre cœur, sur toute votre conduite. Celui-là seul est capable d'entraîner vers la royauté du Christ. La parole la plus éloquente se heurte aux cœurs systématiquement défiants hostiles. L'amour ouvre les plus obstinément fermés.

« Que d'hommes n'ont perdu la foi au Père qui est les dans les cieux que parce qu'ils ont perdu d'abord la confiance dans l'amour de leur frères qui sont sur la terre, même ceux qui font profession de vie chrétienne. Le réveil de ces sentiments fraternels et la claire vue de leurs relations avec la doctrine de l'Évangile reconduira les fils égarés à la maison du Père.

« Aux malheureux gisant sur la route, le corps blessé, l'âme plus malade encore, on aura que de belles paroles à donner et rien qui fasse sentir l'amour fraternel, rien qui manifeste l'intérêt que l'on porte même à ses nécessités temporelles ; et l'on s'étonnera de le voir demeurer sourd à toute cette rhétorique ! Qu'est-elle donc cette foi qui n'éveille au cœur aucun sentiment qui se traduise par des œuvres ? Qu'en dit saint Jean, l'apôtre et l'évangéliste de l'amour ? « *Celui qui jouit des biens de ce monde et qui, voyant son frère dans le besoin, ne lui ouvre pas tout grand son cœur, à qui fera-t-on croire qu'il porte en lui l'amour de Dieu ?* » (I – *Joan.*, III, 17.)

« La France catholique, qui a donné à l'Église, à l'humanité tout entière, un saint Vincent de Paul et tant d'autres héros de la charité, ne peut pas ne pas entendre ce cri : *Amate fratres !* Et elle sait que les prochaines pages de son histoire, c'est sa réponse à l'appel de l'amour qui les écrira. À sa fidélité envers sa vocation, en dépit de toutes les difficultés, de toutes les épreuves, de tous les sacrifices, sont liés son sort, sa grandeur temporelle aussi bien que son progrès religieux. Quand j'y songe, de quel cœur, mes Frères, j'invoque la Providence divine, qui n'a jamais manqué, aux heures critiques, de donner à la France les grands cœurs dont elle avait besoin ; avec quelle ardeur je lui demande de susciter aujourd'hui les héros de l'amour, *pour triompher des doctrines de haine, pour apaiser les luttes de classes, pour panser les plaies saignantes du monde*, pour hâter le jour où Notre-Dame de Paris abritera de nouveau sous son ombre maternelle tout son peuple, pour faire oublier à la France comme un songe éphémère les heures sombres où la discorde et les polémiques lui voilaient le soleil de l'amour, pour faire résonner doucement à son oreille ; pour graver profondément dans son esprit la parole si paternelle du premier Vicaire de Jésus-Christ : *« Aimez-vous les uns les autres d'une dilection toute fraternelle, dans la simplicités de vos cœurs. »* (I – Petr., I, 2 : *In fraternitatis amore, simplici ex corde invicem diligite !* »

III

« Ce que je connais, mes Frères, de ce pays et de ce peuple français, des directions que lui donnent ses chefs religieux et de la docilité du grand nombre des fidèles ; ce que m'apprennent les écrits des maîtres catholiques de la pensée, les rapports des Congrès et Semaines où les problèmes de l'heure présente sont étudiés à la lumière de la foi et de la loi divines ; ce que je constate aussi de l'idéalisme avec lequel la jeunesse croyante de la France s'intéresse à la question capitale du prolétariat et à sa solution juste et chrétienne, tout cela certes me remplit d'une ferme confiance : cette même jeunesse, grâce à la rectitude de sa bonne volonté, à son esprit de dévouement et de sacrifice, à sa charité fraternelle, si noble en ses intentions, si loyale en ses efforts, cheminera toujours par les voies droites et sûres. Aussi, loin de moi de douter jamais de si saintes dispositions ; mais, à la généreuse ardeur de la jeune France pour la restauration de l'ordre social chrétien, Notre-Dame de Paris, témoin au cours des siècles passés de tant d'expériences, de tant de désillusions, de tant de belles ardeurs tristement fourvoyées, vous adresse après son exhortation à l'amour : *Amate fratres !* Son exhortation à la vigilance, exhortation empreinte de bonté maternelle, mais aussi de gravité et de sollicitude :

« Veillez, mes Frères, *vigilate fratres* ! »

« *Vigilate* ! » C'est qu'il ne s'agit plus aujourd'hui, comme en d'autres temps, de soutenir la lutte contre des formes déficientes ou altérées de la civilisation religieuse, la plupart gardant encore une âme de vérité et de justice héritée du christianisme ou inconsciemment puisée à son contact ; aujourd'hui, c'est la substance même du christianisme, la substance même de la religion qui est en cause ; sa restauration ou sa ruine est l'enjeu des luttes implacables qui bouleversent et ébranlent sur ses bases notre continent et avec lui le reste du monde.

« Le temps n'est plus des indulgentes illusions, des jugements édulcorés, qui ne voulaient voir dans les audaces de la pensée, dans les errements du sens moral qu'un inoffensif dilettantisme, occasion de joutes d'écoles, de vains amusements de dialecticiens. L'évolution de ces doctrines de ces principes, touche à son terme, le courant, qui insensiblement a entraîné les générations d'hier, se précipite aujourd'hui, et l'aboutissement de toutes ces déviations des esprits, des volontés, des activités humaines c'est l'état actuel, le désarroi de l'humanité, dont nous sommes les témoins non pas découragés, certes ! mais épouvantés.

« Une grande partie de l'humanité dans l'Europe actuelle est, dans l'ordre religieux, sans patrie, sans foyer. Pour elle, l'Église n'est plus le foyer familial ; Dieu n'est plus le Père ; Jésus-Christ n'est plus qu'un étranger. Tombé des hauteurs de la révélation chrétienne, d'où il pouvait d'un coup d'œil contempler le monde, l'homme n'en peut plus voir l'ordre dans les contrastes de sa fin temporelle et éternelle ; il ne peut plus entendre et goûter l'harmonie en laquelle viennent se résoudre paisiblement les dissonances. Quel tragique travail de Sisyphe, que celui qui consiste à poursuivre la restauration de l'ordre, de la justice, de la félicité terrestre, dans l'oubli ou la négation même des relations essentielles et fondamentales !

« Quelle désillusion amère, quelle douloureuse ironie, que la lecture des fastes de l'humanité, dans laquelle les noms de ceux que tour à tour elle a salués comme des précurseurs, des sauveurs, les maîtres de la vie, les artisans du progrès, — et qui parfois le furent à certains égards, — apparaissent aujourd'hui comme les responsables, inconscients peut-être, des crises dont nous souffrons, les responsables d'un retour, après vingt siècles de christianisme, à un état de choses en quelque sorte plus obscur plus inhumain que celui qui avait précédé ! Une organisation économique gigantesque a étonné le monde par le fantastique accroissement de la production ; des foules immenses meurent de misère en face de ces producteurs qui souffrent souvent d'une détresse non moins grande, faute de la possibilité d'écouler l'excès monstrueux de leur production. Une savante organisation technique a semblé rendre l'homme définitivement maître des forces de la nature : dans l'orgueil de sa vie, devant les plus sacrées lois de la nature, l'homme meurt de la fatigue et de la peur de vivre, et lui qui donne à des machines presque l'apparence de la vie, il a peur de transmettre à d'autres sa propre vie, si bien que l'ampleur toujours croissante des cimetières menace d'envahir de tombes tout le sol libre par l'absence des berceaux.

« À tous les maux, à toutes les crises, peuvent s'opposer les projets de solution les plus divers : ils ne font que souligner l'impuissance, tout en suscitant de nouveaux antagonismes qui dispersent les efforts. Et ces efforts ont beau s'intensifier jusqu'au sacrifice total de soi-même, pour la réalisation d'un programme qui sauvera la communauté, la disproportion entre le vouloir et le pouvoir humain, entre les plans les plus magnifiques et leur réalisation, entre la fin que l'on poursuit et le succès que l'on obtient, va toujours s'accentuant. Et tant d'essais stériles et malheureux n'aboutissent, en fin de compte qu'à, exaspérer toujours davantage ceux qui sont las d'expériences vaines et qui réclament impérieusement, farouchement parfois et avec menaces, de vivre et d'être heureux.

« *Vigilate !* Eh oui ! il est tant de chrétiens dont l'attitude ne diffère point de celle des apôtres à Gethsémani, à l'heure même ou le Maître allait être livré : ils semblent s'endormir dans leur insouciance aveugle, dans la conviction que la menace qui pèse sur le monde ne les regarde pas qu'il n'ont aucune part de responsabilité, qu'ils ne courent aux risques dans la crise où l'univers se débat avec angoisse Quelle illusion ! Ainsi jadis, sure le mur du palais où Balthazar festoyait, la main mystérieuse écrivait le *Mane, Thecel, Phares.* Encore Balthazar eut-il la prudence et la curiosité d'interroger Daniel, le prophète de Dieu ! Combien aujourd'hui n'ont même pas cette prudente curiosité ! Combien restent sourds et inertes à l'avertissement du Christ à ses apôtres : *Vigitate et orale ut non intretis in tentationem !*

« *Vigitate !* Et pourtant l'Église, répétant la parole même du Christ, les avertit. Depuis les derniers règnes surtout, les avertissements se sont faits plus précis ; les Encycliques se succèdent ; mais à quoi bon les avertissements, les cris d'alarme, la dénonciation documentée des périls menaçants, si ceux-là mêmes qui, régulièrement et correctement assis au pied de la chaire, en entendent passivement la lecture, s'en retournent chez eux continuer tranquillement leur habituel train de vie, sans avoir rien compris ni du danger commun ni de leur devoir en face du danger !

« *Vigilate !* Ce n'est pas aux seuls insouciants que ce cri s'adresse. Il s'adresse aussi à ces esprits ardents, à ces cœurs généreux et sincères mais dont le zèle ne s'éclaire pas aux lumières de la prudence et de la sagesse chrétiennes. Dans l'impétueuse fougue de leurs préoccupations sociales, ils risquent de méconnaître les frontières au delà desquelles la vérité cède à l'erreur, le zèle devient fanatisme, et la réforme opportune passe à la révolution. Et quand, pour mettre l'ordre et la lumière dans cette confusion, le Vicaire de Jésus-Christ, quand l'Église, en vertu de sa mission divine, élève la voix sur les grandes questions du jour, sur les problèmes sociaux, faisant la part du vrai et du faux, du licite et de l'illicite, elle n'entend favoriser ni combattre aucun camp ou parti politique, elle n'a rien d'autre en vue que la liberté et la dignité des enfants de Dieu ; de quelque côté qu'elle rencontre l'injustice, elle la dénonce et la condamne ; de quelque côté qu'elle découvre le bien, elle le reconnaît et le signale avec joie. *Mais il est une chose qu'elle exige de tous ses enfants, c'est que la pureté de leur zèle ne soit pas viciée par des erreurs,* admises sans doute de bonne foi et dans la meilleure intention du monde, mais qui n'en sont pas moins dangereuses en fait et qui en fin

189

de compte, viennent tôt ou tard à être attribuées non seulement à ceux qui les tiennent, mais à l'Église elle-même. *Malheur à qui prétendrait faire pactiser la justice, avec l'iniquité, concilier les ténèbres avec la lumière ! Quæ enim participial justitiæ cum niquitate ? aut quæ socie tas luci ad tenebras ?* (II – *Cor.*, VI, 14.)

« C'est aux heures de crise, mes Frères, que l'on peut juger le cœur et le caractère des hommes, des vaillants et des pusillanimes. C'est à ces heures qu'ils donnent leur mesure et qu'ils font voir s'ils sont à la hauteur de leur vocation, de leur mission.

« Nous sommes a une heure de crise. À la vue d'un monde qui tourne le dos à la croix, à la vraie croix du Dieu crucifié et rédempteur, d'un monde qui délaisse les sources d'eau vive pour la fange des citernes contaminées ; à la vue d'adversaires, dont la force et l'orgueilleux défi ne le cèdent en rien au Goliath de la Bible, les pusillanimes peuvent gémir d'avance sur leur inévitable défaite ; mais les vaillants, eux, saluent dans la lutte l'aurore de la victoire ; ils savent très bien leur faiblesse, mais ils savent aussi que le Dieu fort et puissant, *Dominus forfis et potens, dominas potens in prælio* (*Ps.* XXIII, 8), se fait un jeu de choisir précisément la faiblesse pour confondre la force de ses ennemis. Et le bras de Dieu n'est pas raccourci ! *Ecce non est abbreviata manus domini ut salvare nequeat.* (*Is.*, LIX, 1.)

« Dans un instant, quand, debout à l'autel, j'élèverai vers Dieu la patène avec l'Hostie sainte et immaculée pour l'offrir au Père éternel, je lui présenterai en même temps la France catholique, avec l'ardente prière que, consciente de sa noble mission et fidèle à sa vocation, unie au Christ dans le sacrifice, elle lui soit unie encore dans son œuvre d'universelle Rédemption.

« Et puis, de retour auprès du Père commun pour lui faire part de tout ce que j'aurai vu et éprouvé sur cette terre de France, oh ! comme je voudrais pouvoir faire passer dans son cœur si aimant, pour le faire déborder de joie et de consolation, mon inébranlable espérance que les catholiques de ce pays, de toutes classes et de toutes tendances, ont compris la tâche apostolique que la Providence divine leur confie, qu'ils ont entendu la voix de Notre-Dame de Paris qui leur chante l'*Orate*, l'*Amate*, le *Vigilate*, non comme l'écho d'un « hier » évanoui, mais comme l'expression d'un « aujourd'hui » croyant, aimant et vigilant, comme le prélude d'un « demain » pacifié et béni.

« *O Mère céleste, Notre-Dame* », vous qui avez donné a cette nation tant de gages insignes de votre prédilection, implorez pour elle votre divin Fils ;ramenez-la au berceau spirituel de son antique grandeur, aidez-la à recouvrer, sous la lamineuse et douce étoile de la foi et de la vie chrétienne, sa félicité passée, aidez-la à s'abreuver aux sources où elle puisait jadis cette vigueur surnaturelle, faute de laquelle les plus généreux efforts demeurent fatalement stériles, ou tout au moins bien peu féconds : qu'elle s'unisse à tous les gens de bien des autres peuples, parvienne à s'établir ici-bas dans la justice et dans la paix, en sorte que, de l'harmonie entre la patrie et la terre du ciel, naisse la véritable prospérité des individus et de la société tout entière.

« *Mère du bon conseil* », venez au secours des esprits en désarroi devant la gravité des problèmes qui se posent, des volontés déconcertées dans leur impuissance devant la grandeur des périls qui menacent !

« *Miroir de justice* », regardez le monde où des frères, trop souvent oublieux des grands principes et des grands intérêts communs qui les devraient unir, s'attachent jusqu'à l'intransigeance aux opinions secondaires qui les divisent regardez les pauvres déshérités de la vie, dont les légitimes désirs s'exaspèrent au feu de l'envie, et qui parfois poursuivent des revendications justes, mais par de voies que la justice réprouve ; ramenez-les danse cette *tranquillitas ordinis* qui seule est la vraie paix !

« *Regina pacis* ! Oh ! oui ! En ces jours où l'horizon est tout chargé de nuages qui assombrissent les cœurs les plus trempés et les plus confiants soyez vraiment au milieu de ce peuple qui est vôtre la Reine de la paix ; écrasez de votre pied virginal le démon de la haine et de la discorde ; faites comprendre au monde, où tant d'âmes droites s'évertuent à édifier le temple de la paix, le secret qui seul assurera le succès de leurs efforts : établir au centre de ce temple le trône royal de votre divin Fils, et rendre hommage à sa loi sainte, en laquelle la justice et l'amour s'unissent en un chaste baiser, *Justicia et pax osculatæ sunt.* (*Ps.* LXXXIV, II.)

« Et que par vous la France, fidèle à sa vocation soutenue dans son action par la puissance de la prière, par la concorde dans la charité ; par une ferme et indéfectible vigilance, exalte dans le monde le triomphe et le règne du Christ, Prince de la paix, Roi des rois et Seigneur des seigneurs. Amen ! »

CARDINAL EUGENIO PACELLI

Lors de la consécration de la Basilique de Lisieux Entouré de la foi ardente
de centaines de pèlerins et par la voix de la radio Pie XI a appelé les fidèles
à la prière et leur a accordé sa bénédiction.
Princes de l'église, humbles prêtres et croyants, en une immense procession
ont pieusement honoré sainte Thérèse ce dimanche 11 juillet 1937.

Crédit photo : *Journal Excelsior*

VIII

Le comte de Chambord était destiné à sauver la France et à faire monter sur le trône la descendance de Louis XVII : mais la France ne l'a pas mérité : Dieu l'a rappelé

LES RÉVÉLATIONS DE MARIE-JULIE

Le Comte Joseph du Bourg, ancien secrétaire et confident du Comte de Chambord, écrit, parlant du Prince :

> « Tout indique qu'Il est l'instrument de Dieu pour la régénération de la France et même de notre vieille Europe. Bien plus, *Lui, Lui seul,* est le moyen humain de délivrer l'Église, de lui rendre sa liberté et son influence dans le monde. »

Le Pape Pie IX comptait sur lui, et la plupart des âmes privilégiées affirmaient que le Ciel ne cessait de dire qu'il était l'homme de Dieu ; que dans l'intention de Notre-Seigneur, le Comte de Chambord devait monter sur le Trône de France pour préparer la branche aînée — la descendance de Louis XVII — à lui succéder afin de rétablir l'ordre divin.

Marie-Julie Jahenny avait reçu bien des confidences célestes à ce sujet ; mais aussi, dès le 25 mai 1877 l'annonce future de la mort du Prince, la Très Sainte Vierge lui avait dit :

> « Viens, viens sur mon Cœur partager le dernier coup d'épreuve. Mon enfant un coup très douloureux vient de frapper à mon Cœur. *C'est le flambeau qui s'éteint et la France qui, pour ainsi dire, périt.* »

Le 24 octobre suivant, Jésus dit à la pieuse stigmatisée :

> « Je prépare au pied de la croix le sacrifice de la Fleur qui attend, qui se penche et qui s'éteint. Tout est proche : tu vois que l'*Heure fatale va gronder sur la France et au-delà.* »

Le 7 juillet 1881, Notre-Seigneur annonce que la mort du Prince sera douloureuse, mais qu'il lui enverra des secours spirituels :

> « Je l'enverrai cette colombe jusqu'au Roi dans la douleur et les angoisses, en attendant le trépas douloureux, plein de pitié, *parce qu'il aura été bon et fidèle à son Dieu.* »

La fin du Prince fut, en effet, très douloureuse et se produisit un peu plus de deux ans après, Cette mort fut un assassinat déguisé.

Dans son numéro du 30 juin–1er juillet 1883, le journal « *L'Union* » publia la dépêche suivante :

> « Nous apprenons à l'instant avec une inexprimable douleur, par un télégramme officiel de Frohsdorf, que Monsieur le Comte de Chambord est atteint d'une maladie aussi grave qu'imprévue. »

Aux représentants du Prince, Monsieur de Chevigné avait ajouté un complément d'information : amaigrissement terrible, crises de vomissements très douloureuses, « état désespéré. »

Joseph du Bourg ajoute :

> « La maladie du Roi cause un vrai frémissement et une sorte de stupeur dans toute la nation …

> « Le Français est tellement pénétré de la tradition monarchique que naturellement et sans réflexion, il est ému à la pensée que le Comte de Chambord est menacé de mort. Dans ce fait, il y a plus que la fin d'un grand Roi, soutien moral de la France et de l'Europe ; il y a encore l'écroulement de toutes les espérances humaines de salut. Ce Roi, on a pu le repousser, on en a peur ; mais on comprend qu'il est le sens moral, l'honnêteté politique et publique ; qu'il est le droit et la régénération.

> « De tous côtés, mais surtout en province, la foule courait aux églises, dans tous les sanctuaires … Notre foi dans la dévotion au Sacré-Cœur, source et motif des miséricordes divines, cherchait de ce côté-là le moyen d'obtenir la guérison de Monseigneur … »

Joseph du Bourg fut chargé d'aller chercher à Turin Don Bosco pour l'amener à Frohsdorf. Le dimanche 15 juillet le Prince fut guéri miraculeusement, mais le saint ajouta :

> « Oui, Notre-Dame Auxiliaire le conservera ; mais *prenez-garde aux francs-maçons.* »

Et sur la réponse de son interlocuteur, il précisa :

> « Non, détrompez-vous. Les francs-maçons ont les bras bien longs, même dans nos maisons religieuses et pour des intérêts moindres, ils s'introduisent et agissent … Enfin, je vous le répète ; *Faites attention aux francs-maçons.* »

Joseph du Bourg transmit donc au Prince les recommandations du pieux et saint religieux concernant le danger que constituait la Franc-Maçonnerie.

Très peu de temps après, le Prince eut une rechute qui entraîna la mort le 24 août 1883, en la vigile de saint Louis.

L'autopsie ayant été pratiquée, aucune trace de cancer de l'estomac, auparavant diagnostiqué par les médecins, mais ils découvrirent des déchirures dans l'estomac et l'œsophage. Le docteur Vulpien précisa :

> « Il est incontestable que la cause de la maladie est accidentelle. »

Et Joseph du Bourg conclue :

> « Il y a un mystère sur cette terrible catastrophe. Si l'on rapproche cette constatation médicale, providentiellement amenée à la dernière heure, de tous les indices manifestés au commencement et pendant la maladie de Monseigneur, on ne peut affirmer qu'il y a eu crime, du moins on ne peut préciser ni l'auteur, ni les moyens ; mais la conviction reste que ce crime a eu lieu. Au reste, en constatant le pouvoir absolu de la Franc-Maçonnerie sur tous les gouvernements du monde et en pensant à la réaction contre-révolutionnaire qui aurait pu se produire dans l'Europe par la restauration de la Monarchie d'Henri V, (un incident politique suffisait pour la réaliser), on peut croire, avec grande chance de ne pas se tromper, que le coup a été préparé et porté par les francs-maçons. Humainement parlant la mort de Monsieur le Comte de Chambord rendait

toute réaction vraiment contre-révolutionnaire à tout jamais impossible.

S'il n'y a pas eu trace de poison sur les muqueuses de l'estomac, n'a-t-il pas été employé de la poudre de verre ou de diamant, que sais-je ? Les facettes de ces débris, si minces fussent-ils, suffisaient pour produire les déchirures constatées dans l'estomac et l'œsophage. Cette opinion, du reste, ne m'est pas personnelle ; elle a été émise par plusieurs, entre autres, m'a-t-on dit par le docteur Stanzel, un de ceux qui ont assisté à l'embaumement [196]. »

Le lendemain, l'Archiduc Charles de Toscane, apprenant par les Princes de Parme ces détails ne put s'empêcher, en frappant du poing la table du salon :

« En voilà encore un de nous qui tombe, frappé par la Révolution [196] ! »

Le Comte de Chambord avait dit :

« Je suis empoisonné ! »

Don Bosco, inspiré, avait déclaré :

« Méfiez-vous des francs-maçons. »

Trois siècles à l'avance, Nostradamus avait annonce comment le Comte de Chambord serait assassiné :

« La poison taincte au sucre par les fragues » (VI - 94), soit du verre pilé mélangé au sucre dans les fraises …

Le 6 juillet 1883, Notre-Seigneur avait dit à Marie-Julie :

« Ma fille, *les châtiments sur la France s'amoncellent davantage. Je frapperai le peuple dans la personne de celui qui m'est si agréable et qui est la fleur de lys véritable par sa foi ! Oh ! Quel châtiment ! quel châtiment pour la France et pour le peuple !* »

Marie-Julie ajoute :

« Il était triste, le bon Jésus, sa voix était menaçante, les anges pleuraient. »

---

196.   — Joseph du BOURG, « *Les entrevues des Princes à Frohsdorf – 1873 et 1883 – La vérité et la légende* », pp. 26, 27, 29, 41, 65, 163 et de 220 à 225. Paris chez Perrin, 1910.

Le 24 août 1883, Notre Seigneur annonce à Marie-Julie la mort du Prince qui vient de se produire, et d'une voix terrible :

« Plus d'espérance du coté de la terre ! »

Enfin, le 17 octobre suivant :

« La France n'ayant pas mérité celui qui devait la sauver, Dieu l'a enlevé de la terre, c'est le premier châtiment. »

Depuis lors, la France n'a cessé de descendre vers l'abîme et les plus lucides de ses fils, les royalistes, dans leur grande majorité, ont fait fausse route avec les usurpateurs …

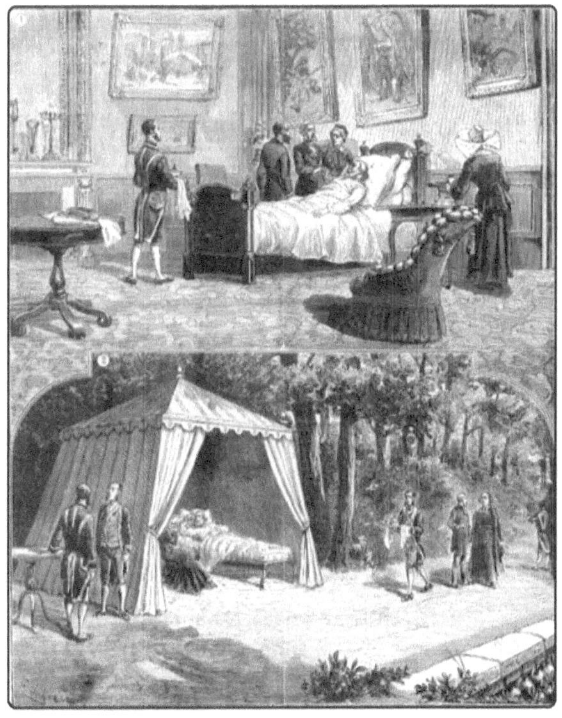

COMTE DE CHAMBORD

La chambre coucher du Comte de Chambord
et le jardin du château de Frohsdorf.

Le 17 juillet 1883, Notre-Seigneur avait dit à Marie-Julie :

*« La France n'ayant pas mérité celui qui devait la sauver,
Dieu l'a enlevé de la terre, c'est le premier châtiment. »*

Dessin de O. Julien.

IX

**En France, la démocratie est le régime
voulu par Lucifer pour détruire la Fille
aînée de l'Église et assassiner les âmes**

Joseph de Maistre l'a dit très justement :

« La révolution est satanique. »

Son but était d'assassiner l'Oint du Seigneur en haine de Dieu.
La démocratie est le régime instauré par la Révolution car elle
instaure la dictature de Lucifer [197].

---

197. — Voir la très intéressante étude de Monsieur Le Caron, « *Comprendre
la Révolution.* » (1974.)

Incontestablement, la révolution — sous quelque forme qu'elle se présente
et dans tous les domaines — est luciférienne et le moyen qu'elle utilise le plus
souvent est l'instauration de la démocratie (ou république), notamment très
spécialement dans les pays catholiques Nous ne citerons, entre autres, que
deux exemples :

En Espagne, le 19 avril 1815, le Sacré-Cœur, annonçant la grande tribulation
des derniers temps, disait à la Mère Maria Rafols (1781-†1853), fondatrice de
la Congrégation des Sœurs Hospitalières de Sainte Anne à Saragosse :

> « *Je sauverai l'Espagne en ayant recours à de prodigieux miracles* et il ajoutait le 1er
> juillet 1836 : « *Lorsque viendra cette époque, qui commencera ouvertement en
> l'an 1931 ...* » Or, la république fut proclamée à Madrid le 14 avril 1931,
> c'est clair ... » une fois de plus ...

En Autriche-Hongrie, faut-il rappeler qu'après la première Conflagration
mondiale :

> « *Au moment des négociations pour la paix, l'Empereur Charles reçut des
> propositions fermes et explicites. On s'engageait à le maintenir sur son trône, en
> rectifiant quelques frontières, à trois conditions :*

L'histoire le confirme :

> « Le soir du quatre septembre (1870), date de la proclamation
> de la République, Hélène Poirier vit entrer un grand nombre
> de démons qui lui apprirent que la République venait d'être
> proclamée à Paris. Pour en témoigner leur joie, ils se mirent
> à chanter, à rire, à danser avec frénésie. Ce qui les réjouit, c'est
> disent-ils, qu'à la tête du gouvernement sont les leurs et qu'ainsi,
> eux démons, auront plus de facilité pour anéantir le règne
> de Jésus-Christ [198]. »

Le Pape Pie IX avait déclaré :

> « Suffrage universel, mensonge universel. »

Or, le 29 septembre 1878, parlant des républicains, Marie-Julie
reçoit du Ciel cette Révélation :

> « Ceux qui conduisent ce mauvais et épouvantable gouvernement,
> ces hommes sont les fils de Satan. »

En 1882 :

« 3 — *Il s'affilierait à la franc-maçonnerie.*

« *Charles Ier acceptait les deux premières conditions, il refusait fièrement de se
soumettre à la troisième. À plusieurs reprises, on insista auprès de lui. À la fin, on
ne lui demandait plus que de donner son nom à la secte en lui laissant la faculté de
se montrer catholique dans sa vie publique et dans sa vie privée. Le prince refusa,
même sous cette forme atténuée, l'offre qui lui était faite. Alors il fut entendu qu'on
disloquerait l'Autriche.* »

« *Nouvelles religieuses* » du 15 mars 1926, p. 132 : « *Le rattachement de l'Autriche
catholique à l'Allemagne protestante.* » Et la république fut établie.

Un peu plus tard, alors qu'il était réfugié en Suisse avec sa famille, « *à trois
reprises, un représentant du Grand-Orient avait été envoyé en Suisse auprès du
monarque ; la première fois, il lui avait promis la restauration monarchique en
Hongrie, puis en Autriche, sous condition d'inscrire dans la Constitution, l'école
neutre et le mariage civil ; la deuxième fois, il avait promis, moyennant signature
d'un acte formel d'abdication, le retour et le séjour, en parfaite liberté en Autriche,
dans des conditions matérielles excellentes. À la troisième visite enfin l'Empereur
apprit que, s'il continuait à refuser d'abdiquer, il serait séparé de ses enfants.* »

J. Troud, « *Charles Ier, Empereur d'Autriche, Roi de Hongrie.* » Note de la page 195.

La Cause de canonisation de l'Empereur-Roi a été ouverte en Cour de Rome.

198.   — Chanoine Champeaur, « *Une possédée contemporaine, Hélène Poirier* », p. 326.

« Ceux qui règnent sur le Royaume [199] sont capables de tout, ces hommes au pouvoir mènent tout le monde à la boucherie. »

Ce qui s'est effectivement réalisé au cours des deux conflagrations mondiales de 1914 et de 1939 … en attendant la troisième.

Le 31 août 1900, Notre Seigneur d'un regard courroucé fixe la Chambre des Députés et dit :

« Ce lieu d'où sortent les lois, ce lieu où il n'y a plus de Roi, mais les ennemis de Jésus qui règnent et commandent.

« *Cette salle d'enfer* » ainsi que la désignent la Sainte Vierge et son Divin Fils qui annonce les 1er juillet et 4 septembre 1902 sa destruction par le feu du ciel.

Le 20 juillet de la même année :

« Je vois Satan, l'ennemi des âmes, sortir de l'urne infernale. »

Le 6 décembre 1877, Marie-Julie fait le portrait d'un homme qui appartient aux sociétés secrètes et fera beaucoup de mal à la France ; il déclare :

« *Je ne veux pas de Roi en France.* »

Avant que la France entre dans le triomphe, Notre Seigneur annonce qu'elle aura à subir un chef « *infect ; la vaine gloire et l'orgueil feront son ornement. Il saura se faire valoir… Il se fera passer pour bon. Moi qui connais son cœur, j'ai pesé ses pensées…* » S'agirait-il de De Gaulle ?… On peut légitimement le penser…

Dans le soleil de sa vision, Marie-Julie voit s'avancer le Roi saint Louis et Louis XVI, le Roi-Martyr ; la Sainte Vierge leur donne l'ordre d'étendre sur la France la tenture noire :

« Le tombeau s'ouvre, les ténèbres approchent, le soleil se retire, les fléaux de Dieu sont en chemin … »

La démocratie en France comme dans l'Église engendrera les pires châtiments, car elle incarne la révolte contre Dieu, la haine de Dieu.

---

199. — En parlant de la France, le Ciel l'appelle toujours : « *Le Royaume.* »

Allons jusqu'au bout de la question ; car il faut être logique et déduire les conséquences inéluctables des vérités affirmées par les Papes au nom de Dieu : si la démocratie, la souveraineté populaire — car c'est identique — est vraie, alors la Royauté du Christ est un leurre ; ou la démocratie est fausse et alors la Royauté du Christ est la seule réalité devant laquelle le monde doit s'incliner, car il y a antinomie formelle, absolue entre l'une et l'autre. *Car, de deux choses l'une : ou le Pouvoir vient de Dieu, d'En Haut, ou il vient d'en-bas. S'il vient d'en-bas, la démocratie est vraie et la Royauté du Christ n'existe pas ; ou il vient d'En Haut, de Dieu, et la Royauté du Christ est vraie et donc, inéluctablement, la démocratie ne doit pas être. Or l'Église a toujours enseigné qu'il n'est de Pouvoir vrai que celui qui vient de Dieu, donc d'En-Haut et non d'en-bas : Donc inéluctablement* LA DÉMOCRATIE DOIT DISPARAÎTRE. LE DILEMME EST FORMEL. *Au surplus n'est-il pas annoncé que le Grand Monarque attendu* « DÉTRUIRA LES RÉPUBLIQUES DE FOND EN COMBLE » *car elles sont* LUCIFÉRIENNES.

Oserai-je ajouter que je pense que DIEU N'A PERMIS LES EFFROYABLES CATASTROPHES ENGENDRÉES PAR LA DÉMOCRATIE — AUJOURD'HUI JUSQUE DANS L'ÉGLISE — *que pour permettre, dans l'avenir, à un Pape de* LA CONDAMNER « EX CATHEDRA » COMME LA GRANDE ERREUR DES TEMPS MODERNES ET COMME L'ÉMANATION DIRECTE DE LUCIFER.

La Vierge ajoute :

> « Mon Royaume est en deuil, le glas funèbre va bientôt sonner en toute la France. O, mon peuple, prépares-toi à assister aux funérailles (de la France), en même temps (qu') aux funérailles de l'Église, l'Épouse de mon Fils ... ; la messe deviendra la montagne du sacrilège ... Cette fois sans le miracle promis, il est impossible que l'Église échappe. Ce sont des centaines d'armées rouges qui fondent sur elles avec plus de fureur que pendant la grande révolution [200] ... »

---

200.   — Docteur Imbert-Gourbeyre, professeur à la Faculté de Médecine de Clermont-Ferrand, chargé dès le début par Monseigneur Fournier, évêque de Nantes, d'étudier scientifiquement les faits de la Fraudais : « *Les prophéties de Marie-Julie* » manuscrit encore inédit. Également le « *Dossier Charbonnier.* »

Mais, dès le 1ᵉʳ octobre 1875, Jésus avait annoncé le salut et le triomphe de la France :

> « L'Étranger viendra fondre sur la France comme un lion furieux avec toute sa rage, avec toutes les armes de l'impiété pour faire mourir le peuple français et l'immoler. *Ma main invisible le foudroiera*. France, sans ma Mère, tu ne serais jamais relevée de tes forfaits. Si le triomphe t'est accordé si vite, c'est grâce à Marie, à ses supplications, à ses larmes … Ah ! Si mon peuple français savait comme il est à la veille d'un si beau triomphe, il ne pourrait contenir sa joie ! »

Le 18 février 1876 :

> « C'est toi, pauvre France qui espéreras la première *puisque c'est toi qui dois délivrer l'Église.* »

Le 29 septembre 1878, saint Michel précise :

> « Après cet affreux malheur réservé à la France, *toutes les autres puissances auront aussi leur justice, car il s'agit d'un renouvellement de l'univers entier …*
>
> « *Le Roi doit venir au fort de l'orage.* Il sera gardé sain et sauf parce que *la Mère de Dieu le garde comme son propre fils …* »
>
> « *Le Roi aura en lui un don qu'aucun autre Roi n'a eu …* Saint Louis, Roi de France a fait son devoir, mais ce dernier sera encore plus merveilleux par son règne. Vous verrez dans cet homme *ce que personne n'a vu dans les autres.* »

Et la Sainte Vierge ajoute :

> « Si vous ne voyez pas le chemin de la venue de *mon Roi*, ne vous inquiétez pas. *Ce chemin sera miraculeux comme le reste de sa vie. Rien n'est impossible à Dieu.* »

Et Notre-Seigneur précise à la pieuse stigmatisée bretonne :

> « *J'appelle au secours de la France mon serviteur Henri.* Quand toutes ces choses commenceront, les paupières de tes yeux seront fermées [201]. »

---

201. — De fait, Marie-Julie est morte le 4 mars 1941.

O MARIE,

conçue sans péché,

Priez pour nous pécheurs,

Et obtenez la miséricorde et la paix au monde.

Tours – A. Mame et Cie Éditeurs.

TABLE DES MATIÈRES

APPENDICE

ISBN : 9798356655531

21 décembre 2020